U0924795

中国热带农业科学院　中国热带作物学会　组织编写

"一带一路"热带国家农业共享品种与技术系列丛书

总主编：刘国道

"一带一路"国家热带农产品质量安全标准解读

——中国、泰国、老挝

韩丙军　赵方方　游　雯　等◎编著

中国农业科学技术出版社

图书在版编目（CIP）数据

“一带一路”国家热带农产品质量安全标准解读：中国、泰国、老挝 / 韩丙军等编著 . — 北京：中国农业科学技术出版社，2020.7
（“一带一路”热带国家农业共享品种与技术系列丛书 / 刘国道主编）
ISBN 978-7-5116-4835-8

Ⅰ. ①一… Ⅱ. ①韩… Ⅲ. ①热带作物—农产品—质量标准—研究—中国 ②热带作物—农产品—质量标准—研究—泰国③热带作物—农产品—质量标准—研究—老挝 Ⅳ. ① F326.5 ② F333.665 ③ F333.465

中国版本图书馆 CIP 数据核字（2020）第 116021 号

责任编辑　李　雪　徐定娜
责任校对　马广洋

出 版 者　中国农业科学技术出版社
　　　　　北京市中关村南大街 12 号　邮编：100081
电　　话　（010）82105169（编辑室）（010）82109702（发行部）
　　　　　（010）82109709（读者服务部）
传　　真　（010）82105169
网　　址　http://www.castp.cn
发　　行　各地新华书店
印 刷 者　北京科信印刷有限公司
开　　本　787 mm × 1 092 mm　1 /16
印　　张　6.25
字　　数　137 千字
版　　次　2020 年 7 月第 1 版　2020 年 7 月第 1 次印刷
定　　价　68.00 元

《“一带一路”热带国家农业共享品种与技术系列丛书》

总 主 编：刘国道

《“一带一路”国家热带农产品质量安全标准解读——中国、泰国、老挝》编著人员

主 编 著：韩丙军　　赵方方　　游　雯

副主编著：陈显柳　　张　月　　张兴银

前　言

农业标准化是现代农业的重要标志，农业标准也是保障农业绿色发展的重要手段。热带农业是热区的主要支柱产业，中国热区只有50万平方千米，世界热区则达5 300万平方千米。热区由于自然禀赋的原因，高温高湿的气候条件有利于作物生长，同时病虫害也相对频发，热带农业生产中不合理使用农药等导致的农产品质量安全问题时有发生。目前，我国已经初步建立了较为完善的主要热带农作物全产业链标准体系，特别是制（修）订了一系列农产品质量安全有关的标准，其中，香蕉、芒果和荔枝等主要热带食用农产品的生产、加工、流通和质量监管等方面基本实现了有标可依，全面提升了我国热带相关农产品质量安全水平。近几年热带农产品质量安全例行监测抽检合格率均在99%以上，基本实现了热带水果产业绿色、可持续生产。

但是，从世界热区来看，热带农业仍然存在规模小、产业化水平和效益较低，热带农业标准化、集约化和专业化生产水平不高等问题，资源优势还未有效转化为产业和效益优势，亟须加快推进科技研发、标准研制、产业升级和结构调整，以技术标准加速科技创新成果产业化，增加热带农产品的质量经济效益。为大力发展热带农业，做大做强优势特色产业，热带农业需要合理构建适应热带农业创新发展所需要的技术标准创新服务体系。因此，开展世界热带农业标准的协同建设，对响应国家“一带一路”倡议、实施热带农业“走出去”战略和技术转移，促进热带农业提质增效、热区供给侧结构改革等具有重要的意义。

泰国是东南亚国家联盟成员国和创始国之一，也是我国大米、木薯、芒果、香蕉、龙眼、荔枝、榴莲、山竹等热带农产品的主要进口国。中泰之间的农产品贸易越来越频繁，在丰富了中国市场的同时，也对农产品质量安全等标准体系提出了更高的要求。

老挝是与中国山水相连的友好邻邦，是中国的“好邻居、好朋友、好同志、好伙伴”。中老双方在农业领域已经开展诸多合作，老挝从中国大量进口农药等投入品，并出口大米等农产品到中国，中老双方迫切需要共享热带农产品质量安全标准相关的信息。

本书重点收集汇编了中国、泰国和老挝热带农产品质量安全相关的法律法规和标准，供热区农业管理和技术人员参考。根据内容全书共分为法律法规、热带作物限量标准、检测技术标准和产品认证标准 4 个部分，其中第一章农业标准和农药管理主要由陈显柳完成，第二章热带农产品限量标准主要由韩丙军、张兴银完成，第三章热带农产品农药残留检测技术标准主要由张月、游雯完成，第四章产品认证标准主要由赵方方完成，全书由韩丙军统稿。

由于时间仓促，难免存在不足之处，恳请各位读者批评指正。

编　者

2019 年 12 月

目　录

第一章　农业标准和农药管理

第二章　热带农产品限量标准

第三章　热带农产品农药残留检测技术标准

第四章　产品认证标准

农业标准和农药管理

一、中泰农业标准化制度

标准化对一个国家经济、社会、科技的发展起着至关重要的作用。同时在“一带一路”倡议致力于构建亚欧非大陆及附近海洋的互联互通，建立和加强沿线各国互联互通伙伴关系，实现沿线各国多元、自主、平衡、可持续发展的时代背景之下，大量的中国经销商在泰国农产品市场进行果蔬贸易，中泰两国农产品贸易在整个贸易之中的作用越来越突出，为了保证农产品贸易的持续性发展，有必要对中泰农业标准化法律制度进行了解和研究。

（一）泰　国

1. 泰国农业标准化制度

2008 年，泰国为了提高国家标准化相关管理部门的工作效率，促进国家标准化工作的统一协调发展，发布了《国家标准法》。在该法中规定，国家标准委员会负责制定国家标准化相关政策和战略方针，监督、管理和协调国家标准化工作，促进国家标准化工作的发展和实施以及统一性和高效性，并对国际贸易形势作出应对；制定适用于合格评定机构与业务经营者广告宣传的原则、程序和条件，统一监督管理合格评定机构，赢得供应商和国内、国际消费者的信赖；制定促进与国内外进行标准化合作和标准互认的政策；受理《国家标准法》中规定的上诉，制定《国家标准法》中规定的强制性标准标识和自愿性标准标识等。

同年，基于泰国生产和从国外进口的几种农产品目前不受某些标准的管制，导致质量低劣、公众缺乏信心的情况，同时，为了鼓励农产品满足标准要求，防止农产品公共安全问题发生，提升农产品贸易和竞争力，促进国家经济发展，泰国发布了《农业标准法》。

2. 泰国农业标准委员会

泰国《农业标准法》中明确设立农业标准委员会，其职能职责是：制定与农业标准实施相关的政策、计划和措施；向农业与合作部部长提出标准的制定、修订和废除相关的建议以及《农业标准法》中规定的部长条例和公告相关的建议；制定与发布强制性标准的部长条例听证会相关的规则和程序；对反对国家农产品和食品标准局指令的请愿书以及科学技术方面的学术信息或其他与标准相关的信息进行处理；执行《农业标准法》或其他法律中规定的在其责任范围内的其他职能（韦艳菊等，2017）。

泰国的标准相关委员会的专家组成除了政府部门，还有来自私营企业的专家代表，体现了对利益相关方参与的重视。标准要起到为政府相关的监管或规范提供技术支撑、规范企业发展的作用，要满足消费者的要求、维护消费者的权益，必须确保利益相关方共同加入标准的制定过程中，采纳企业从实践中总结的经验以及消费者从需求的角度提出的意见，结合专家学者在理论上的技术支撑，才能制定出实用性的标准，保证标准化工作的顺利实施。

根据泰国《农业标准法》的规定，农业标准委员会专家任期为3年，结束任期的专家可以重新任命，但不得超过连续两届，农业标准委员会的人员构成见表1-1。

表1-1 泰国农业标准委员会人员构成

构　成	人员资历
主　席	农业与合作部部长或农业与合作部部长授权的副部长
副主席	农业与合作部常任秘书
委　员	消费者保护委员会办公室秘书长
	食品和药物管理局秘书长
	农业经济办公室秘书长
	大米司司长
	渔业司司长
	畜牧业发展司司长
	农业司司长
	海关厅厅长
	自然资源与环境部代表
	商务部代表
	工业部代表
	泰国商会主席或其代表
	泰国工业联盟主席或其代表
	由部长任命的不超过3人的专家成员
	农业与合作部部长
	农业与合作部常任秘书长
助理秘书	农业与合作部常任秘书长任命的国家农产品和食品标准局中2人或以下的公务人员

注：国家农产品和食品标准局作为农业标准委员会的秘书办公室，负责总体管理及研究工作，以及执行与委员会、技术委员会和附属委员会任务相关的职能。

在农业标准制定方面，泰国农业标准分为强制性标准和自愿性标准。"强制性标准"

指的是部级条例规定的农产品应该遵循的标准，“自愿性标准”是指泰国《农业标准推广通知》中确定的标准。农业各领域的标准种类繁多，所以农业标准委员会任命一个或多个技术委员会负责各个领域内的相关标准，每个技术委员会的成员不超过15人。技术委员会成员包括相关农产品职能部门的政府工作人员和社会各界的专家。技术委员会负责根据当前农业发展的需求编制农产品标准草案，或者是向农业标准委员会提出修订或废止相关农业标准的建议，除此之外，技术委员会还将履行农业标准委员会委托的与标准相关的其他技术任务。技术委员会起草农产品标准之后将草案提交至农业标准委员会审查。如果报批通过，草案将会被提交至农业与合作部部长审议，通过部长条例发布成为强制性标准或者通过发布部长级公告成为自愿性标准。通过部长条例发布的强制性标准可以规定某些农产品的整体或者部分必须符合该标准。在发布强制性标准的部长条例之前，由国家农产品和食品标准局组织公开听证会听取各利益相关方的意见，之后将意见提交至农业标准委员会审议。

3. 资质与认证

泰国与农产品相关的强制农业标准，要求农产品获得资质认定才可以进行生产和销售。如果通过部长条例发布的农业强制性标准对农产品有着强制性规定，同样对农产品生产商和进出口商有着强制性约束，他们必须获得国家农产品和食品标准局颁发的资质证书才能进行生产和进出口活动。不符合强制性标准的产品、服务，不得生产、销售、进口或者提供。资质证书许可申请和续展按照委员会在部长条例中所规定的程序和条件执行，有效期为3年。进出口商或生产商必须把资质证书摆放在经营场所显眼的位置，以方便进行检查。如果生产商、进出口商或合格评定机构违反了相关规定，国家农产品和食品标准局有权吊销或者废除其许可证或作出其他处罚。

进出口商或生产商必须向有对农产品进行强制性标准进行检验和认证资质的单位申请对自己经营的农产品进行检验和验证，如果被检验的农产品符合强制性标准就可以按照部长条例中规定的规则、程序和条件颁发该农产品的证书。从国外进口的农产品如果符合相同的标准或者签订有标准合格评定互认协定，可以不需要申请认证证书。如果农产品进口来源国的标准与本国的强制性标准不同，则必须申请认证证书。符合自愿性标准的农产品也可以申请证书。获得强制性标准认证的农产品可以使用强制性标准认证标志。获得自愿性标准认证的农产品可以使用自愿性标准认证标志。

如果获得认证的农产品经抽查不符合强制性标准，国家农产品和食品标准局将责令生产商、进出口商在规定的时间进行改进，以符合标准。如果无法进行改进，或可能由于进度缓慢从而造成人类、植物或动物健康受损，国家农产品和食品标准局有权召回或销毁农产品，相关费用由相关生产商或进出口商承担。

（二）中　国

1. 中国农业标准化制度

我国为了加强标准化工作，提升产品和服务质量，促进科学技术进步，保障人身健康和生命财产安全，维护国家安全、生态环境安全，提高经济社会发展水平，在 1988 年制定了《中华人民共和国标准化法》，并在 2017 年进行了修订，更加符合我国的发展。一是建立了政府标准化工作协调机制。明确要求国务院和设区的市级以上地方人民政府建立标准化协调机制，统筹协调标准化工作重大事项，并要求县级以上人民政府将标准化工作纳入本级国民经济和社会发展规划。二是扩大了标准的制定范围。从原来侧重工业领域，进一步扩展到农业、服务业和社会事业等领域，全方位满足需求，保障标准有效供给。三是强化了强制性标准的统一管理。规定国家标准分为强制性标准和推荐性标准，行业标准、地方标准是推荐性标准；将原来的强制性国家标准、行业标准和地方标准统一整合为强制性国家标准，并对强制性标准的范围做了严格的限定。四是赋予了团体标准法律地位。鼓励社会团体组织制定团体标准，构建了政府标准与市场标准协调配套的新型标准体系。五是设立企业标准自我声明公开和监督制度。要求企业向社会公开所执行的产品和服务标准相关情况，充分释放了企业创新活力的需要。六是加强了标准国际化工作。积极推动参与国际标准化活动，推进中国标准与国外标准之间的转化运用。七是规定了标准化军民融合制度，推进标准化军民融合和资源共享，提升军民标准通用化水平，积极推动军民标准相互转化和采用。我国农业领域的标准化工作除了按照《中华人民共和国标准化法》规定执行，还受到《中华人民共和国食品安全法》《中华人民共和国农产品质量安全法》《农业部[①]农业标准化管理办法》等法律法规的约束和管理。

我国农业标准化工作的行政主管部门是农业农村部，负责领导和管理农业标准化工作，在业务上接受国家标准化管理委员会的指导。主要职责包括：贯彻中华人民共和国标准化法和本部制定的标准化规章制度；制（修）订农业标准化工作规划和年度计划；制（修订）农业标准，审查上报国家标准的审批、发布，并审批、编号、发布行业标准。受理部直属企业标准备案；组织推动农业标准的贯彻实施，对标准的实施进行监督检查；管理农业系统等全国农业专业标准化技术委员会（标准化技术归口单位）；指导省、自治区、直辖市及计划单列市农业主管部门的标准化工作；组织标准化工作的奖励和表彰；管理和开展农业行业范围内的有关国际标准化工作；负责部内、部外标准的协调工作。

2. 中国农业专业标准化过程

我国的农业标准分为国家标准、行业标准、地方标准和团体标准、企业标准。国家标

① 中华人民共和国农业部，简称农业部；2018 年，国务院机构改革，将农业部职责整合，组建中华人民共和国农业农村部，简称农业农村部，下同。

准分为强制性标准、推荐性标准，行业标准、地方标准是推荐性标准。农业标准由农业、畜牧兽医、水产、农垦、农机化、乡镇企业、环能、饲料等专业组成，主要是在农业农村部行业归口范围内制定标准、组织实施标准和对标准的实施进行监督，开展标准化工作的研究和国内外标准科技活动，为加快高产、优质、高效农业的发展服务。将农业标准化工作纳入本系统、本部门、本单位的科技发展的规划和计划，并加强领导和管理。积极采用国际标准和国外先进标准，提高产品质量，增强出口创汇能力。

农业农村部组建农业专业标准化技术委员会，其主要职责是：遵循国家和部的有关标准化的方针、政策，提出本专业标准的政策、标准体系及规划、计划的建议；受本部对口专业司的委托承担国家标准或行业标准的制定；负责本专业标准草案的技术审查和标准的复审，做好标准的技术协调工作；开展本专业的标准宣传和咨询服务工作；承担本专业的国际标准化技术业务工作；受委托办理与本专业标准化工作有关的事项。

农业领域强制性标准的主要范围是：国家要求控制的重要农产品质量标准；农作物的种子、种苗的质量分级标准；农药、兽药、水产生物类药品、有机复合肥、生物菌剂、植物生长调节剂、土壤调理剂及食品安全、卫生标准；农产品及加工品的生产、运输和使用中的安全、卫生标准；环境保护的污染物排放标准和环境质量标准；农业工程建设的质量、安全卫生标准；农业通用的技术术语、符合、代号和制图方法；通用的试验、检验方法标准。

农业行业推荐性标准包括以下内容：农作物种子（种苗）生产技术、质量、分级、检验、精选、加工、包装、标志、贮运及安全、卫生标准，农作物生产技术规程；农业生产技术：病虫害的测报、防治，农药合理使用；化肥、有机肥肥效试验、合理使用、肥料质量监测、生物制剂的质量及分析方法、中低产田分类指标等；热带作物及产品生产技术规程，天然橡胶、剑麻等的质量、检验方法，产品加工及机械等；农业机械试验鉴定、安全监理、技术保养、作业质量、机具维修、设备管理及各种中小农具的生产技术、品种、规格、质量及检验等；畜禽品种、生产饲养技术、卫生检疫及检验，草地资源区划、分类、牧草种子质量、加工、贮运、包装，兽医医疗器械质量、安全、卫生等；水产资源和养殖技术规范，水产品、渔具和渔具材料的质量、品种、规格、检验、包装、贮运及安全卫生，渔业船舶制造与维修，渔业专用仪器和机械等；省柴节煤技术，沼气、太阳能、风能、微水发电和农村生产节能技术的设计，应用规范及质量、检验方法；农业环境保护的监测，污染指标，农业生态环境质量标准和检验方法等；饲料原料、饲料添加剂、配合饲料、混合饲料等质量、安全卫生及检验方法，饲料机械加工等标准。

制定推荐性标准时，组织由相关方组成的标准化技术委员会中科研、教学、生产、监督检验、使用单位及管理部门等参加的工作组负责起草标准，由专业标准化技术委员会负责标准的审查。制定强制性标准时，可以委托相关标准化技术委员会承担标准的起草、技术审查工作。未组成标准化技术委员会的，应当成立专家组承担相关标准的起草、技术审查工作。标准化技术委员会和专家组的组成应当具有广泛代表性。标准发布之后，复审周期一般不超过 5 年。经过复审，对不适应经济社会发展需要和技术进步的应当及时修订或者废止。

3. 中国农产品认证

我国农产品质量安全的生产技术要求和操作规程由农业农村部和省级农业部门制定。并对可能影响农产品质量安全的农药、兽药、饲料和饲料添加剂、肥料、兽医器械等，依照有关法律、行政法规的规定实行许可制度。同时要求销售的农产品必须符合农产品质量安全标准，生产者可以申请使用无公害农产品标志。进口的农产品必须按照国家规定的农产品质量安全标准进行检验；如果缺失相关检验标准，应当及时制定，未制定之前，可以参照国家有关部门指定的国外有关标准进行检验。如果食用农产品的质量符合有关优质农产品标准的，生产者可以申请使用相应的农产品质量标志，比如绿色食品、有机产品和农产品地理标志。

（1）无公害农产品：是指产地环境、生产过程和产品质量均符合国家有关标准和规范的要求，经认证合格获得认证证书并允许使用无公害农产品标志的未经加工或者初加工的食用农产品（广德福，2017）。这类食用农产品不对人的身体健康造成任何危害，是对食物的最起码要求，所以无公害食品是指无污染、无毒害、安全的食品。2001 年农业部提出"无公害食品行动计划"，并制定了相关国家标准，如《无公害蔬菜安全要求》《无公害蔬菜产地环境要求》《无公害水果安全要求》《无公害水果产地环境要求》《无公害畜禽肉产品安全要求》《无公害畜禽肉产品产地环境要求》《无公害水产品安全要求》《无公害水产品产地环境要求》等，具体到每种产品（如黄瓜、小麦、水稻等）的生产标准。

（2）绿色食品：是指产自优良生态环境、按照绿色食品标准生产、实行全程质量控制并获得绿色食品标志使用权的安全、优质食用农产品及相关产品。由于与环境保护有关的事物和我国通常都冠以"绿色"，为了更加突出这类食品出自良好的生态环境，因此称为绿色食品。绿色食品是中档食品，我国已有多家企业生产绿色食品，是人类食品在不远的将来可以达到其要求的食品。绿色食品分为两级，即 A 级绿色食品和 AA 级绿色食品，其中 AA 级绿色食品质量要求较高，与有机食品要求接近。20 世纪 90 年代，我国提出绿色食品的概念，相继也制定了相应的标准，如《绿色食品产地环境技术条件》《绿色食品生产农药使用准则》和《绿色食品生产化肥使用准则》等。

（3）有机食品：是指来自有机农业生产体系，根据有机农业生产要求和相应标准生产加工，并且通过合法的有机食品认证机构认证的农副产品及其加工品。有机食品的主要特点是来自生态良好的有机农业生产体系。有机食品的生产和加工不使用化学农药、化肥、化学防腐剂等合成物质，也不用基因工程生物及其产物，因此，有机食品是一类真正来自自然、富营养、高品质和安全环保的生态食品。

（4）农产品地理标志：是指标示农产品来源于特定地域，产品品质和相关特征主要取决于自然生态环境和历史人文因素，并以地域名称冠名的特有农产品标志。根据《农产品地理标志管理办法》规定，农业农村部负责全国农产品地理标志的登记工作，农业农村部农产品质量安全中心负责农产品地理标志登记的审查和专家评审工作，2018 年机构改革后，农产品地理标志登记的审查和专家评审工作由中国绿色食品发展中心承担。省级人民政府农业行政主管部门负责本行政区域内农产品地理标志登记申请的受理和初审工作。农业农村部设立的农产品地理标志登记专家评审委员会，负责专家评审。

二、中老农药管理制度

老挝于 2017 年颁布了《农药管理法令》，目的是规范本国农药使用，方便政府对农药的生产、销售、使用的管理和监测，从而确保人类、动物、植物和环境的质量、效率和安全，并达到农业和森林生产活动与清洁、绿色和可持续农业等原则一致的目的，保证老挝在国际和地区中的一体化能力，更好地为国家经济社会发展作出贡献。

（一）老挝农药管理

老挝农林部是本国的农药行政管理部门，有以下权利和义务：研究拟订与农药活动有关的政策、规划、法律及规例，并提交政府审定；将农药生产活动的有关政策、规划、法律法规细化为规划、方案、项目和规章，并负责实施；宣传和传播与农药有关的政策、规划、法律、法规、计划、方案和项目；开展农药登记准备和审查允许和禁止使用的农药清单，并制订调查农药风险的计划；就农药的咨询、生产、处理、处置、分析、检测等进行评估、签发、暂停、吊销农药经营许可证；评估和签发为研究、测试、展览、技术开发或为政府某一特定项目紧急情况下提供援助而进口农药的进口农药许可证；发展和提高从事农药和减少农药风险活动的工作人员的知识和能力；指定农药登记办事处；监测和评估全国农药活动的实施情况；接受和处理有关农药活动的申诉或投诉；与国外及国际组织就农药及降低风险活动进行合作；协调有关部委和地方有关部门开展农药生产活动；定期总结和向政府报告农药活动的实施情况；法律、法规规定的其他权利和职责。

根据危害程度，老挝农林部将农药分为以下几类（表 1–2）。

（1）剧毒农药：是指对人类具有急性毒性的农药，并且长期对环境产生不利影响。该农药，在动物试验结果中，当口服剂量小于 5 mg/kg 体重，或皮肤接触小于 50 mg/kg 体重时，造成 50% 试验动物死亡。禁止生产、进口、销售、使用和持有剧毒农药。

（2）高毒农药：是指对人类健康、生命具有急性毒性的农药，并且长期对环境产生不利影响。该农药在动物试验结果中，当口服剂量在 5 ～ 50 mg/kg 体重，或皮肤接触在 50 ～ 200 mg/kg 体重时，造成 50% 试验动物死亡。禁止生产、进口、经销、使用和持有高毒农药，但经农业林业部核准和登记后，高毒农药可用于技术研究开发和植物病虫害防控检疫。

（3）中毒农药：是指对人类健康和生命有毒的农药。该农药在动物试验结果中，当口服剂量在 50 ～ 2 000 mg/kg 体重，或皮肤接触在 200 ～ 2 000 mg/kg 体重时，造成 50% 试验动物死亡。经农林部门登记批准后，可以生产、进口、经销、使用和持有中毒农药，并严格按照有关规定进行监督。

（4）低毒农药：是指对人类健康和生命有毒的农药。该农药，在动物试验结果中，当口服剂量或皮肤接触超过 2 000 mg/kg 体重时，造成 50% 试验动物死亡。低毒农药经农林部门登记批准后，可以生产、进口、经销、使用和持有，并遵守有关管理规定。

（5）不太可能出现急性危害农药：指对人体健康和生命有毒，但没有急性毒性的农药。该农药，在动物试验结果中，当口服剂量或皮肤接触超过 5 000 mg/kg 体重时，造成 50% 试验动物死亡。此农药经农林部门登记和授权后，可以生产、进口、分配、使用和持有，并遵守有关管理规定。对人类、动物和环境健康安全的生物农药无须登记，但须经农林部授权后方可进行生产、进口、分配、使用和持有。

表 1-2　老挝对农药的分类

类　别	定　义	造成 50% 试验动物死亡的急性剂量		生产许可
		口服剂量（mg/kg bw）	皮肤接触剂量（mg/kg bw）	
剧毒农药	人类具有急性毒性的农药，并且长期对环境产生不利影响	<5	<50	禁止生产、进口、销售、使用和持有
高毒农药	对人类健康、生命具有急性毒性的农药，并且长期对环境产生不利影响	5 ～ 50	50 ～ 200	禁止生产、进口、经销、使用和持有高毒农药，但经农业林业部核准和登记后，高毒农药可用于技术研究开发和植物病虫害防控检疫
中毒农药	对人类健康和生命有毒的农药	50 ～ 2 000	200 ～ 2 000	农林部门登记批准后，可以生产、进口、经销、使用和持有中毒农药

（续表）

类　别	定　义	造成 50% 试验动物死亡的急性剂量		生产许可
		口服剂量（mg/kg bw）	皮肤接触剂量（mg/kg bw）	
低毒农药	对人类健康和生命有毒的农药	>2 000	>2 000	经农林部门登记批准后，可以生产、进口、经销、使用和持有，并遵守有关管理规定
不太可能出现急性危害农药	对指人体健康和生命有毒，但没有急性毒性的农药	>5 000	>5 000	经农林部门登记和授权后，可以生产，进口，分配，使用和持有，并遵守有关管理规定。对人类、动物和环境健康安全的生物农药无须登记，但须经农林部门授权后方可进行生产，进口，分配，使用和持有

老挝同时对农药的容器和包装进行了规定：坚固，耐用，防漏；在有效期内，在正常储存和使用条件下，不腐烂，不影响农药的质量；与食品和饮料的容器和包装不同；儿童无法打开；适用于特定农药；在储存和使用过程中安全。同时要求农药生产企业按照以下技术要求和标准进行：农药生产场所应当远离社区、学校、医院、市场、水源，并符合相关技术标准；具备必要的安全防护体系；具有配套的机械、设备、生产工艺；具有符合标准的废水和工厂废物处理系统，不会对环境造成不利影响；提供急救服务，并配有处理农药泄漏意外的设施。

老挝同时设定农药相关的配套服务：① 农药咨询业务，是指就有关农药生产、销售、使用、处置、处理、分析、测试和其他活动提供建议的服务。从事农药咨询业务的人员，应当具有化学、农学、植保等专门技术专业毕业，经过培训，具有 5 年以上农药实际工作经验。② 在使用农药方面，设置农药应用服务，包括通过熏蒸、喷洒或其他方法使用农药防治农业生产场所或者其他场所的病虫害。从事农药应用服务业务的人，应当具有经农林部培训和认证的技术人员，且具有至少 3 年实践经验；有足够材料、仪器设备，设立人员保护和福利制度；按照农林部的规定，建立农药使用情况记录制度。

（二）中国农药管理

我国于 1997 年发布并实施《农药管理条例》，目的是加强农药管理，保证农药质量，保障农产品质量安全和人畜安全，保护农业、林业生产和生态环境制定。该条例最新于 2017 年 2 月修订。我国实行农药登记制度，农药生产企业、向中国出口农药的企业按照规定申请农药登记。

农业农村部组织成立农药登记评审委员会，负责农药登记评审。主要由下列人员组成：国务院农业、林业、卫生、环境保护、粮食、工业行业管理、安全生产监督管理等有关部门和供销合作总社等单位推荐的农药产品化学、药效、毒理、残留、环境、质量标准和检测等方面的专家；国家食品安全风险评估专家委员会的有关专家；国务院农业、林业、卫生、环境保护、粮食、工业行业管理、安全生产监督管理等有关部门和供销合作总社等单位的代表。具体的农药登记评审规则由农业农村部制定。

在生产销售环节，我国要求农药生产企业不得采购、使用未依法附具产品质量检验合格证、未依法取得有关许可证明文件的原材料，所采购原材料，具有查验产品质量检验合格证和有关许可证明文件。并建立原材料进货记录制度，记录原材料的名称、有关许可证明文件编号、规格、数量、供货人名称及其联系方式、进货日期等内容。所有的原材料进货记录保存2年以上。严格按照产品质量标准进行生产，确保农药产品与登记农药一致。销售的农药，必须经过检验合格且附产品质量检验合格证。并建立农药出厂销售记录制度，如实记录农药的名称、规格、数量、生产日期和批号、产品质量检验信息、购货人名称及其联系方式、销售日期等内容，所有的销售记录保存2年以上。我国规定境外企业不得直接在中国销售农药。境外企业在中国销售农药的，应当依法在中国设立销售机构或者委托符合条件的中国代理机构销售。

在农药包装方面，严格遵守农业农村部的规定，农药标签应当按照国务院农业主管部门的规定，以中文标注农药的名称、剂型、有效成分及其含量、毒性及其标识、使用范围、使用方法和剂量、使用技术要求和注意事项、生产日期、可追溯电子信息码等内容。

除卫生用农药外，对于其他的农药，我国实行农药经营许可制度。农药经营者，按照农业农村部的规定向县级以上地方人民政府农业主管部门申请农药经营许可证。其经营者本身应当具备下列条件：有具备农药和病虫害防治专业知识，熟悉农药管理规定，能够指导安全合理使用农药的经营人员；有与其他商品以及饮用水水源、生活区域等有效隔离的营业场所和仓储场所，并配备与所申请经营农药相适应的防护设施；有与所申请经营农药相适应的质量管理、台账记录、安全防护、应急处置、仓储管理等制度。经营限制使用农药的，除了定点经营，还应当配备相应的用药指导和病虫害防治专业技术人员。

我国设有农药召回制度。农药生产企业如果发现其生产的农药对农业、林业、人畜安全、农产品质量安全、生态环境等有严重危害或者较大风险的，立即停止生产，通知有关经营者和使用者，向所在地农业主管部门报告，主动召回产品，并记录通知和召回情况。

三、建　议

农业标准化是实现和推动农业现代化、架构现代农业状态的实质工具。从农业发展和到达现代水平的过程看，农业标准化始终如一地发挥着为最佳追求提供落实与支撑的实体推动功能作用。从现代化水平的任何一个角度看，农业标准化是这种架构体系中的骨架系统和神经系统，体现了现代农业格局中的实质内容。显而易见，“一带一路”倡议的实施，不仅是我国对沿线国家农业标准化的输出，同时也是学习有效经验，推动我国农业向现代化迈进的过程。通过农业标准化的实施，保障农业生产、生活安全，保护生态环境；促进资源合理利用和节约能源，满足使用要求，保护消费者利益；推广农业科技成果，实现高产、优质、高效，技术先进、经济合理、协调配套；因地制宜发展名、特、优产品；采用国际标准和国外先进标准，提高标准水平，促进对外经济合作及对外贸易。

参考文献

广德福，2017. 从农田到餐桌——农产品质量安全 150 问［M］. 北京：中国农业科学技术出版社 . 35-38.

韦艳菊，冯怀宇，2017. 泰国标准化法律制度［J］. 标准科学，11：143-148.

第二章

热带农产品限量标准

一、热带农产品

（一）中国热带农产品生产和贸易基本情况

我国生产的热带农产品主要是香蕉、菠萝、龙眼、荔枝、芒果、椰子、咖啡、可可、番荔枝、菠萝蜜、人心果、杨桃、番木瓜、番石榴、黄皮、油柑子、莲雾和鳄梨，还有少量红毛丹、金星果、神秘果、蛋黄果等热带水果。根据官方统计及其他间接统计，我国目前热带农产品中水果产量居前六位的品种是：香蕉、荔枝、菠萝、龙眼、芒果、椰子（张继军等，2008）。

我国是世界水果生产和消费大国，也是水果净出口国，但我国一直是一个热带农产品的净进口国家。我国进口的热带农产品无论是从价值还是从数量方面看都集中在香蕉、龙眼、椰子、芒果、山竹、榴莲等几个品种上；它们主要的来源是泰国、越南、印度尼西亚、菲律宾和我国的台湾省。我国出口的热带农产品主要是菠萝和热带农产品罐头（菠萝罐头、荔枝罐头和龙眼罐头），产品的主要出口去向是中国香港、日本、美国和欧盟。

（二）热带农产品质量安全标准制定基本情况

1. 中国热带农产品安全标准及对热带农产品检测部位的规定

《中华人民共和国食品安全法》出台后，中国加快了食品中农药最大残留限量标准的整合和制（修）订工作。2019 年 8 月 15 日，GB 2763—2019《食品安全国家标准食品中农药最大残留限量》发布，于 2020 年 2 月 15 日实施，成为中国监管食品中农药残留的唯一强制性国家标准。该标准制定了 483 种农药在十大类农产品和食品中的 7 107 项残留限量，基本涵盖了中国居民日常消费的主要农产品。该标准制定了热带农产品中 208 项农药最大残留限量（表 2-1），包括了芒果、菠萝、荔枝、木薯、胡椒、菠萝、番木瓜、可可豆、秋葵、澳洲坚果、咖啡豆、腰果、鳄梨、番木瓜、咖啡豆、山竹、开心果、热带和亚热带水果、皮不可食热带和亚热带水果等热带作物。

GB 2763—2019《食品安全国家标准食品中农药最大残留限量》中，明确规定了各类水果的检测部位。其中，对于皮可食的热带农产品，如杨桃、莲雾等，其测定部位为全果（去柄）；对于皮不可食用的小型果，如荔枝、龙眼、红毛丹等，其测定部位为果肉，残留量计算应计入果核的重量；对于皮不可食用的中型果，如芒果、石榴、鳄梨、番荔枝、番石榴、黄皮、山竹等，其测定部位为全果，鳄梨和芒果去除核，山竹测定果肉，残留量计算应计入果核的重量；对于皮不可食用的大型果，如香蕉、木瓜、椰子等，其测定部位分别为香蕉测定全蕉，番木瓜测定去除果核的所有部分，残留量计算应计入果核的重量，椰子测定椰汁和椰肉；对于皮不可食用的带刺果，如菠萝、菠萝蜜、榴莲、火龙果等，菠萝、火龙果去除叶冠部分，菠萝蜜、榴莲测定果肉，残留量计算应计入果核的重量。

2. 泰国和老挝热带农产品安全标准

泰国共制定热带作物中农药最大残留限量 107 项，作物包括菠萝、鳄梨、番荔枝、番木瓜、红毛丹、胡椒、咖啡豆、开心果、可可豆、荔枝、榴莲、龙眼、芒果、木薯、皮不可食的热带和亚热带水果、秋葵、热带和亚热带水果、山竹、杨桃、腰果、椰子、油棕、油棕榈等 25 种，农药种类包括 2,4– 滴和 2,4– 滴钠盐、阿维菌素、艾氏剂、百草枯、百菌清、倍硫磷、苯菌灵、苯醚甲环唑、苯嘧磺草胺、苯线磷、吡虫啉、吡唑醚菌酯、丙环唑、丙森锌、丙溴磷、草铵膦、草甘膦、虫酰肼、春雷霉素、代森铵、代森锰锌、代森锌、滴滴涕、狄氏剂、敌百虫、敌草快、敌敌畏、地虫硫磷、丁草胺、丁硫克百威、啶虫脒、啶酰菌胺、毒杀芬、毒死蜱、对硫磷、多菌灵、多效唑、二嗪磷、粉唑醇、伏杀硫磷、氟吡禾灵、氟虫腈、氟菌唑、氟吗啉、福美双、福美锌、咯菌腈、环丙唑醇、甲胺磷、甲拌磷、甲基对硫磷、甲基硫环磷、甲基嘧啶磷、甲基异柳磷、甲萘威、甲氰菊酯、甲霜灵和精甲霜灵、甲氧虫酰肼、腈菌唑、久效磷、克百威、克菌丹、喹啉铜、乐果、联苯肼酯、磷胺、磷化氢、硫丹、硫环磷、硫线磷、六六六、螺虫乙酯、螺螨酯、氯虫苯甲酰胺、氯丹、氯氟氰菊酯和高效氯氟氰菊酯、氯菊酯、氯氰菊酯和高效氯氰菊酯、氯唑磷、马拉硫磷、咪鲜胺和咪鲜胺锰盐、嘧菌环胺、嘧菌酯、灭多威、灭菌丹、灭线磷、灭蚁灵、灭蝇胺、内吸磷、七氯、氰霜唑、氰戊菊酯和 S– 氰戊菊酯、噻虫胺、噻虫嗪、噻菌灵、噻嗪酮、三乙膦酸铝、三唑醇、三唑磷、三唑酮、杀虫脒、杀螟硫磷、杀扑磷、双炔酰菌胺、霜脲氰、水胺硫磷、特丁硫磷、涕灭威、肟菌酯、戊唑醇、烯酰吗啉、硝磺草酮、辛硫磷、溴氰虫酰胺、溴氰菊酯、氧乐果、乙烯利、乙酰甲胺磷、异狄氏剂、蝇毒磷、莠灭净、莠去津、治螟磷、唑螨酯等 124 种（表 2–1）。

老挝自然条件优越，阳光、雨量充沛，农耕面积广，土地肥沃，热带农副产品种植、加工与贸易潜力大，但由于人口稀少，农村劳动力不足，农业根基薄弱，科技水平低，基础设施落后，沿袭小农经济生产模式、原生态种植，农产品总量低、效益差、出口少。此外，老挝农产品贸易高度依赖邻国，中国、泰国在老挝农产品贸易发展中地位突出、影响甚大。近年来，尽管老挝政府禁止在全国范围内扩建香蕉种植园，但香蕉逐渐成为老挝的主要出口农产品，大部分香蕉主要出口到中国、泰国两大市场。2017 年，老挝香蕉出口创收 1.679 亿美元，2018 年降至 1.12 亿美元（《南方农村报》，2019）。除香蕉外，老挝的其他主要出口农产品包括木薯（出口额达 1.29 亿美元）、咖啡（1.43 亿美元）、橡胶（1.05 亿美元）。目前，老挝共制定热带作物中农药最大残留限量 17 项，作物包括芒果、菠萝、榴莲、番木瓜、咖啡豆、鳄梨等作物，农药种类包括丁草胺、甲霜灵和精甲霜灵、吡虫啉、氯氟氰菊酯和高效氯氟氰菊酯、氯氰菊酯和高效氯氰菊酯、乐果、乙烯利、戊唑醇、多菌灵、百菌清。

表 2-1　中国、泰国、老挝关于热带农产品中农药最大残留限量比对

食品名	农药名称		主要用途	最大残留限量（mg/kg）		
	中文	英文		中国	泰国	老挝
1. 澳洲坚果	硫丹	endosulfan	杀虫剂	0.02		
2. 槟榔叶	甲霜灵和精甲霜灵	metalaxyl 和 metalaxyl-M	杀菌剂		0.05	
3. 菠萝	2,4- 滴和 2,4- 滴钠盐	2,4-D 和 2,4-D Na	除草剂		0.05	
	莠灭净	ametryn	除草剂	0.2	0.05	
	甲霜灵和精甲霜灵	metalaxyl 和 metalaxyl-M	杀菌剂		0.1	
	莠去津	atrazine	除草剂		0.1	
	乙烯利	ethephon	植物生长调节剂	2	2	2
	丙环唑	propiconazolc	杀菌剂	0.02		
	代森锰锌	mancozeb	杀菌剂	2		
	多菌灵	carbendazim	杀菌剂	0.5		5
	二嗪磷	diazinon	杀虫剂	0.1		
	噻虫胺	clothianidin	杀虫剂	0.01		
	噻虫嗪	thiamethoxam	杀虫剂	0.01		
	三唑醇	triadimenol	杀菌剂	5		
	三唑酮	triadimefon	杀菌剂	5		
	烯酰吗啉	dimethomorph	杀菌剂	0.01		
	溴氰菊酯	deltamethrin	杀虫剂	0.05		
4. 鳄梨	虫酰肼	tebufenozide	杀虫剂	1		
	咯菌腈	fludioxonil	杀菌剂	0.4		
	甲霜灵和精甲霜灵	metalaxyl 和 metalaxyl-M	杀菌剂	0.2		0.2
	甲氧虫酰肼	methoxyfenozide	杀虫剂	0.7		
	螺螨酯	spirodiclofen	杀螨剂	0.9		
	嘧菌环胺	cyprodinil	杀菌剂	1		
	噻虫胺	clothianidin	杀虫剂	0.03		
	噻虫嗪	thiamethoxam	杀虫剂	0.5		
	噻菌灵	thiabendazole	杀菌剂	15		
	唑螨酯	fenpyroximate	杀螨剂	0.2		
5. 番荔枝	杀扑磷	methidathion	杀虫剂		0.5	
6. 红毛丹	克百威	carbofuran	杀虫剂		0.05	
	灭菌丹	folpet	杀菌剂		0.1	
	丁硫克百威	carbosulfan	杀虫剂		0.2	
	毒死蜱	chlorpyrifos	杀虫剂		0.5	

（续表）

食品名	农药名称		主要用途	最大残留限量（mg/kg）		
	中文	英文		中国	泰国	老挝
6. 红毛丹	氯氟氰菊酯和高效氯氟氰菊酯	cyhalothrin 和 lambda-cyhalothrin	杀虫剂		0.5	
	杀扑磷	methidathion	杀虫剂		0.5	
	甲萘威	carbaryl	杀虫剂		1	
	丙森锌	propineb	杀菌剂		2	
	代森锰锌	mancozeb	杀菌剂		2	
	代森锌	zineb	杀菌剂		2	
	福美双	thiram	杀菌剂		2	
	苯菌灵	benomyl	杀菌剂		3	
	多菌灵	carbendazim	杀菌剂		3	
7. 胡椒	阿维菌素	abamectin	杀虫剂	0.05		
	丙森锌	propineb	杀菌剂	0.1		
	代森铵	amobam	杀菌剂	0.1		
	代森联	propineb	杀菌剂	0.1		
	代森锰锌	mancozeb	杀菌剂	0.1		
	代森锌	zineb	杀菌剂	0.1		
	福美双	thiram	杀菌剂	0.1		
	福美锌	ziram	杀菌剂	0.1		
	咪鲜胺和咪鲜胺锰盐	prochloraz 和 prochloraz-manganese chloride complex	杀菌剂	10		
8. 咖啡豆	丁硫克百威	carbosulfan	杀虫剂		0.05	
	三唑磷	triazophos	杀虫剂		0.05	
	杀螟硫磷	fenitrothion	杀虫剂		0.05	
	氧乐果	omethoate	杀虫剂		0.05	
	乙酰甲胺磷	acephate	杀虫剂		0.05	
	莠灭净	ametryn	除草剂		0.05	
	二嗪磷	diazinon	杀虫剂		0.2	
	克百威	carbofuran	杀虫剂		1	
	苯嘧磺草胺	saflufenacil	除草剂	0.01*		
	吡虫啉	imidacloprid	杀虫剂	1		
	吡唑醚菌酯	pyraclostrobin	杀菌剂	0.3		
	丙环唑	propiconazole	杀菌剂	0.02		
	草铵膦	glufosinate-ammonium	除草剂	0.2*		
	敌草快	diquat	除草剂	0.02		
	啶酰菌胺	boscalid	杀菌剂	0.05		
	毒死蜱	chlorpyrifos	杀虫剂	0.05		
	多菌灵	carbendazim	杀菌剂	0.1		0.1
	粉唑醇	flutriafol	杀菌剂	0.15		

（续表）

食品名	农药名称		主要用途	最大残留限量（mg/kg）		
	中文	英文		中国	泰国	老挝
8. 咖啡豆	氟吡禾灵	haloxyfop	除草剂	0.02		
	环丙唑醇	cyproconazole	杀菌剂	0.07		
	甲拌磷	phorate	杀虫剂	0.05		
	甲氰菊酯	fenpropathrin	杀虫剂	0.03		
	硫丹	endosulfan	杀虫剂	0.2		
	螺螨酯	spirodiclofen	杀螨剂	0.03		
	氯虫苯甲酰胺	chlorantraniliprole	杀虫剂	0.05*		
	氯菊酯	permethrin	杀虫剂	0.05		
	氯氰菊酯和高效氯氰菊酯	cypermethrin 和 beta-cypermethrin	杀虫剂	0.05		0.05
	嘧菌酯	azoxystrobin	杀菌剂	0.03		
	噻虫胺	clothianidin	杀虫剂	0.05		
	噻虫嗪	thiamethoxam	杀虫剂	0.2		
	噻嗪酮	buprofezin	杀虫剂	0.4		
	三唑醇	triadimenol	杀菌剂	0.5		
	三唑酮	triadimefon	杀菌剂	0.5		
	戊唑醇	tebuconazole	杀菌剂	0.1		0.1
	溴氰虫酰胺	cyantraniliprole	杀虫剂	0.03*		
9. 可可豆	甲萘威	carbaryl	杀虫剂		0.02	
	氯氟氰菊酯和高效氯氟氰菊酯	cyhalothrin 和 lambda-cyhalothrin	杀虫剂		0.02	
	丁硫克百威	carbosulfan	杀虫剂		0.05	
	甲基嘧啶磷	pirimiphos-methyl	杀虫剂		0.05	
	克百威	carbofuran	杀虫剂		0.05	
	三唑磷	triazophos	杀虫剂		0.05	
	乙酰甲胺磷	acephate	杀虫剂		0.05	
	甲霜灵和精甲霜灵	metalaxyl 和 metalaxyl-M	杀菌剂	0.2		
	磷化氢	hydrogen phosphide	杀虫剂	0.01		
	硫丹	endosulfan	杀虫剂	0.2		
	噻虫胺	clothianidin	杀虫剂	0.02		
	噻虫嗪	thiamethoxam	杀虫剂	0.02		
10. 荔枝	氯氟氰菊酯和高效氯氟氰菊酯	cyhalothrin 和 lambda-cyhalothrin	杀虫剂	0.1	0.5	
	甲萘威	carbaryl	杀虫剂		1	
	氰戊菊酯和 S- 氰戊菊酯	fenvalerate 和 esfenvalerate	杀虫剂		1	
	毒死蜱	chlorpyrifos	杀虫剂	1	2	

（续表）

食品名	农药名称		主要用途	最大残留限量（mg/kg）		
	中文	英文		中国	泰国	老挝
10. 荔枝	氯氰菊酯和高效氯氰菊酯	cypermethrin 和 beta-cypermethrin	杀虫剂	0.5	2	
	百菌清	chlorothalonil	杀菌剂	0.2		
	苯醚甲环唑	difenoconazole	杀菌剂	0.5		
	吡唑醚菌酯	pyraclostrobin	杀菌剂	0.1		
	春雷霉素	kasugamycin	杀菌剂	0.05*		
	代森锰锌	mancozeb	杀菌剂	5		
	敌百虫	trichlorfon	杀虫剂	0.2		
	多菌灵	carbendazim	杀菌剂	0.5		
	多效唑	paclobutrazol	植物生长调节剂	0.5		
	氟吗啉	flumorph	杀菌剂	0.1*		
	甲霜灵和精甲霜灵	metalaxyl 和 metalaxyl-M	杀菌剂	0.5		
	腈菌唑	myclobutanil	杀菌剂	0.5		
	喹啉铜	oxine-copper	杀菌剂	5*		
	硫丹	endosulfan	杀虫剂	0.05*		
	螺虫乙酯	spirotetramat	杀虫剂	15*		
	马拉硫磷	malathion	杀虫剂	0.5		
	咪鲜胺和咪鲜胺锰盐	prochloraz 和 prochloraz-manganese chloride complex	杀菌剂	2		
	嘧菌酯	azoxystrobin	杀菌剂	0.5		
	氰霜唑	cyazofamid	杀菌剂	0.02*		
	三乙膦酸铝	fosetyl-aluminium	杀菌剂	1*		
	三唑磷	triazophos	杀虫剂	0.2		
	三唑酮	triadimefon	杀菌剂	0.05		
	双炔酰菌胺	mandipropamid	杀菌剂	0.2*		
	霜脲氰	cymoxanil	杀菌剂	0.1		
	溴氰菊酯	deltamethrin	杀虫剂	0.05		
	乙烯利	ethephon	植物生长调节剂	2		
11. 榴莲	克百威	carbofuran	杀虫剂		0.02	
	丙溴磷	profenofos	杀虫剂		0.05	
	丁硫克百威	carbosulfan	杀虫剂		0.2	
	甲霜灵和精甲霜灵	metalaxyl 和 metalaxyl-M	杀菌剂		0.5	
	氯氟氰菊酯和高效氯氟氰菊酯	cyhalothrin 和 lambda-cyhalothrin	杀虫剂		0.5	
	杀扑磷	methidathion	杀虫剂		0.5	

（续表）

食品名	农药名称		主要用途	最大残留限量（mg/kg）		
	中文	英文		中国	泰国	老挝
11. 榴莲	伏杀硫磷	phosalone	杀虫剂		1	
	甲萘威	carbaryl	杀虫剂		1	
	氯氰菊酯和高效氯氰菊酯	cypermethrin 和 beta-cypermethrin	杀虫剂	1	1	1
	丙森锌	propineb	杀菌剂		2	
	代森锰锌	mancozeb	杀菌剂		2	
	代森锌	zineb	杀菌剂		2	
	福美双	thiram	杀菌剂		2	
	乙烯利	ethephon	植物生长调节剂		2	
12. 龙眼	毒死蜱	chlorpyrifos	杀虫剂	1	0.5	
	氯氟氰菊酯和高效氯氟氰菊酯	cyhalothrin 和 lambda-cyhalothrin	杀虫剂		0.5	
	甲萘威	carbaryl	杀虫剂		1	
	氯氰菊酯和高效氯氰菊酯	cypermethrin 和 beta-cypermethrin	杀虫剂	0.5	1	
	氰戊菊酯和 S- 氰戊菊酯	fenvalerate 和 esfenvalerate	杀虫剂		1	
	咪鲜胺和咪鲜胺锰盐	prochloraz 和 prochloraz-manganese chloride complex	杀菌剂	5		
13. 芒果	丙溴磷	profenofos	杀虫剂	0.2	0.2	
	氯氟氰菊酯和高效氯氟氰菊酯	cyhalothrin 和 lambda-cyhalothrin	杀虫剂	0.2	0.2	0.2
	溴氰菊酯	deltamethrin	杀虫剂	0.05	0.2	
	氯氰菊酯和高效氯氰菊酯	cypermethrin 和 beta-cypermethrin	杀虫剂	0.7	0.7	0.7
	甲萘威	carbaryl	杀虫剂		1	
	氰戊菊酯和 S- 氰戊菊酯	fenvalerate 和 esfenvalerate	杀虫剂	1.5	1.5	
	丙森锌	propineb	杀菌剂	2	2	
	代森锰锌	mancozeb	杀菌剂	2	2	
	代森锌	zineb	杀菌剂		2	
	多菌灵	carbendazim	杀菌剂	0.5	2	5
	福美双	thiram	杀菌剂	2	2	
	乙烯利	ethephon	植物生长调节剂	2	2	
	克菌丹	captan	杀菌剂		5	
	苯醚甲环唑	difenoconazole	杀菌剂	0.07		

（续表）

食品名	农药名称		主要用途	最大残留限量（mg/kg）		
	中文	英文		中国	泰国	老挝
13. 芒果	吡虫啉	imidacloprid	杀虫剂	0.2		0.2
	吡唑醚菌酯	pyraclostrobin	杀菌剂	0.05		
	代森铵	amobam	杀菌剂	2		
	丁草胺	butachlor	除草剂			0.1
	多效唑	paclobutrazol	植物生长调节剂	0.05		
	福美锌	ziram	杀菌剂	2		
	咯菌腈	fludioxonil	杀菌剂	2		
	乐果	dimethoate	杀虫剂	1		1
	螺虫乙酯	spirotetramat	杀虫剂	0.3*		
	咪鲜胺和咪鲜胺锰盐	prochloraz 和 prochloraz-manganese chloride complex	杀菌剂	2		
	嘧菌环胺	cyprodinil	杀菌剂	2		
	嘧菌酯	azoxystrobin	杀菌剂	1		
	灭蝇胺	cyromazine	杀虫剂	0.5		
	噻虫胺	clothianidin	杀虫剂	0.04		
	噻菌灵	thiabendazole	杀菌剂	5		
	噻嗪酮	buprofezin	杀虫剂	0.1		
	戊唑醇	tebuconazole	杀菌剂	0.05		0.05
14. 木薯	克百威	carbofuran	杀虫剂		0.02	
	氧乐果	omethoate	杀虫剂		0.02	
	马拉硫磷	malathion	杀虫剂		0.5	
	代森锰锌	mancozeb	杀菌剂	0.5		
	敌草快	diquat	除草剂	0.05		
	涕灭威	aldicarb	杀虫剂	0.1		
15. 热带和亚热带水果	艾氏剂	aldrin	杀虫剂	0.05		
	苯线磷	fenamiphos	杀虫剂	0.02		
	草甘膦	glyphosate	除草剂	0.1		
	滴滴涕	DDT	杀虫剂	0.05		
	狄氏剂	dieldrin	杀虫剂	0.02		
	敌敌畏	dichlorvos	杀虫剂	0.2		
	地虫硫磷	fonofos	杀虫剂	0.01		
	啶虫脒	acetamiprid	杀虫剂	2		
	毒杀芬	camphechlor	杀虫剂	0.05*		
	对硫磷	parathion	杀虫剂	0.01		
	氟虫腈	fipronil	杀虫剂	0.02		
	甲胺磷	methamidophos	杀虫剂	0.05		
	甲拌磷	phorate	杀虫剂	0.01		

（续表）

食品名	农药名称		主要用途	最大残留限量（mg/kg）		
	中文	英文		中国	泰国	老挝
15. 热带和亚热带水果	甲基对硫磷	parathion-methyl	杀虫剂	0.02		
	甲基硫环磷	phosfolan-methyl	杀虫剂	0.03*		
	甲基异柳磷	isofenphos-methyl	杀虫剂	0.01*		
	甲氰菊酯	fenpropathrin	杀虫剂	5		
	久效磷	monocrotophos	杀虫剂	0.03		
	克百威	carbofuran	杀虫剂	0.02		
	磷胺	phosphamidon	杀虫剂	0.05		
	硫环磷	phosfolan	杀虫剂	0.03*		
	硫线磷	cadusafos	杀虫剂	0.02		
	六六六	HCB	杀虫剂	0.05		
	氯丹	chlordane	杀虫剂	0.02		
	氯唑磷	isazofos	杀虫剂	0.01*		
	灭多威	methomyl	杀虫剂	0.2		
	灭线磷	ethoprophos	杀线虫剂	0.02		
	灭蚁灵	mirex	杀虫剂	0.01		
	内吸磷	demeton	杀虫剂 / 杀螨剂	0.02		
	七氯	heptachlor	杀虫剂	0.01		
	氰戊菊酯和 S- 氰戊菊酯	fenvalerate 和 esfenvalerate	杀虫剂	0.2		
	杀虫脒	chlordimeform	杀虫剂	0.01		
	杀螟硫磷	fenitrothion	杀虫剂	0.5*		
	杀扑磷	methidathion	杀虫剂	0.05		
	水胺硫磷	isocarbophos	杀虫剂	0.05		
	特丁硫磷	terbufos	杀虫剂	0.01		
	涕灭威	aldicarb	杀虫剂	0.02		
	辛硫磷	phoxim	杀虫剂	0.05		
	氧乐果	omethoate	杀虫剂	0.02		
	乙酰甲胺磷	acephate	杀虫剂	0.5		
	异狄氏剂	endrin	杀虫剂	0.05		
	蝇毒磷	coumaphos	杀虫剂	0.05		
	治螟磷	sulfotep	杀虫剂	0.01		
16. 热带和亚热带水果（香蕉、番木瓜除外）	草铵膦	glufosinate-ammonium	除草剂	0.1*		

（续表）

食品名	农药名称		主要用途	最大残留限量（mg/kg）		
	中文	英文		中国	泰国	老挝
17. 山竹	伏杀硫磷	phosalone	杀虫剂		1	
	甲萘威	carbaryl	杀虫剂		1	
	丙溴磷	profenofos	杀虫剂	10	10	
18. 香蕉	阿维菌素	abamectin	杀虫剂	0.05		
	百草枯	paraquat	除草剂	0.02*		
	百菌清	chlorothalonil	杀菌剂	0.2		0.01
	苯丁锡	fenbutatin oxide	杀螨剂	10		
	苯菌灵	benomyl	杀菌剂	2*		
	苯醚甲环唑	difenoconazole	杀菌剂	1		
	苯嘧磺草胺	saflufenacil	除草剂	0.01*		
	吡虫啉	imidacloprid	杀虫剂	0.05		0.05
	吡氟禾草灵和精吡氟禾草灵	fluazifop and fluazifop-P-butyl	除草剂	0.01		
	吡唑醚菌酯	pyraclostrobin	杀菌剂	1		
	吡唑萘菌胺	isopyrazam	杀菌剂	0.06*		
	丙环唑	propiconazole	杀菌剂	1		
	丙硫多菌灵	Albendazole	杀菌剂	0.2*		
	丙森锌	propineb	杀菌剂	1		
	草铵膦	glufosinate-ammonium	除草剂	0.2		
	代森铵	amobam	杀菌剂	1		
	代森联	metriam	杀菌剂	1		
	代森锰锌	mancozeb	杀菌剂	1		
	敌草快	diquat	除草剂	0.02		
	敌敌畏	dichlorvos	杀虫剂	0.05		
	丁苯吗啉	fenpropimorph	杀菌剂	2		
	啶虫脒	acetamiprid	杀虫剂	3		
	啶氧菌酯	picoxystrobin	杀菌剂	1		
	毒死蜱	chlorpyrifos	杀虫剂	2	2	2
	多菌灵	carbendazim	杀菌剂	2		0.2
	噁唑菌酮	famoxadone	杀菌剂	0.5		
	粉唑醇	flutriafol	杀菌剂	0.3		
	氟吡甲禾灵和高效氟吡甲禾灵	haloxyfop-methyl and haloxy-fop-P-methyl	除草剂	0.02*		
	氟吡菌酰胺	fluopyram	杀菌剂	0.3*		
	氟虫腈	fipronil	杀虫剂	0.005		
	氟硅唑	flusilazole	杀菌剂	1		
	氟环唑	epoxiconazole	杀菌剂	3		
	氟唑菌酰胺	fluxapyroxad	杀菌剂	0.5*		

（续表）

食品名	农药名称		主要用途	最大残留限量（mg/kg）		
	中文	英文		中国	泰国	老挝
18. 香蕉	福美双	thiram	杀菌剂	1		
	福美锌	ziram	杀菌剂	1		
	活化酯	acibenzolar-S-methyl	杀菌剂	0.06		
	甲氨基阿维菌素苯甲酸盐	emamectin benzoate	杀虫剂	0.05		
	甲基硫菌灵	thiophanate-methyl	杀菌剂	2		
	腈苯唑	fenbuconazole	杀菌剂	0.05		
	腈菌唑	myclobutanil	杀菌剂	2		
	联苯菊酯	bifenthrin	杀螨剂	0.1		0.1
	联苯三唑醇	bitertanol	杀菌剂	0.5		
	氯苯嘧啶醇	fenarimol	杀菌剂	0.2		
	氯虫苯甲酰胺	chlorantraniliprole	杀虫剂	3*		
	氯氟氰菊酯和高效氯氟氰菊酯	cyhalothrin and lambda-cyhalothrin	杀虫剂	2		
	咪鲜胺和咪鲜胺锰盐	prochloraz and prochloraz-manganese chloride complex	杀菌剂	5		
	嘧菌酯	azoxystrobin	杀菌剂	2		
	嘧霉胺	pyrimethanil	杀菌剂	0.1		
	宁南霉素	ningnanmycin	杀菌剂	0.5*		
	噻虫胺	clothianidin	杀虫剂	0.02		
	噻虫嗪	thiamethoxam	杀虫剂	0.02		
	噻菌灵	thiabendazole	杀菌剂	5		
	噻嗪酮	buprofezin	杀虫剂	0.3		
	噻唑膦	fosthiazate	杀虫剂	0.05		
	三唑醇	triadimenol	杀菌剂	1		
	三唑酮	triadimefon	杀菌剂	1		
	肟菌酯	trifloxystrobin	杀菌剂	0.1		
	戊唑醇	tebuconazole	杀菌剂	3		0.05
	烯唑醇	diniconazole	杀菌剂	2		
	溴氰菊酯	deltamethrin	杀虫剂	0.05		
	乙烯利	ethephon	植物生长调节剂	2	2	
	异菌脲	iprodione	杀菌剂	10		
	抑霉唑	imazalil	杀菌剂	2		
19. 杨桃	氯氰菊酯和高效氯氰菊酯	cypermethrin 和 beta-cypermethrin	杀虫剂	0.2		
	嘧菌酯	azoxystrobin	杀菌剂	0.1		

（续表）

食品名	农药名称		主要用途	最大残留限量（mg/kg）		
	中文	英文		中国	泰国	老挝
20. 腰果	溴氰菊酯	deltamethrin	杀虫剂		0.02	
	甲基嘧啶磷	pirimiphos-methyl	杀虫剂		0.1	
	甲萘威	carbaryl	杀虫剂		1	
	敌草快	diquat	除草剂	0.02		
21. 椰子	克百威	carbofuran	杀虫剂		0.02	
	毒死蜱	chlorpyrifos	杀虫剂		0.05	
	丁硫克百威	carbosulfan	杀虫剂		0.2	
	甲萘威	carbaryl	杀虫剂		1	

注：* 该限量为临时限量。

中国最大残留限量标准摘自 GB 2763—2019《食品安全国家标准　食品中农药最大残留限量》；泰国最大残留限量标准由泰国农业部农业司提供；老挝最大残留限量标准由老挝农林部农业司提供。

（三）建　议

1. 完善新标准中热带农产品限量指标

热带和亚热带农产品作为农产品中的特色水果，农药残留问题已成为其产品质量和进出口贸易的重要影响因素。但是，在我国现有标准 GB 2763—2016《食品安全国家标准食品中农药最大残留限量》中，热带作物中农药残留限量的指标较少，导致在实际生产和贸易中，可能会出现不能满足病虫害防治需要的情况，生产者可能参照同类农产品使用农药，给农产品质量安全带来隐患。

2. 继续扩大制定残留限量的农药覆盖范围

我国自 2006 年成为国际食品法典（CAC）农药残留委员会的主席国，在 CAC 标准的制定起到重要的作用。在 CAC 标准制定过程中，所有限量标准都向世界贸易组织（WTO）各成员进行了通报，接受了各成员的评议。国际组织和发达国家的农药残留标准是按照产品制定的，这不仅提高使用过程中的可操作性，也利于在各个产品中形成科学的农药使用体系。限量标准工作应重视热带特色作物，继续扩大制定残留限量的农药覆盖范围。

3. 不断完善检测方法标准，加强检测体系建设

农药残留检测方法标准在农产品安全质量标准体系中处于基础地位，没有检测方法标准，农药残留限量标准就失去了应有的意义，因此每种农药都应规定相应的检测方法标准。目前，关于热带农产品中特定的农药残留分析检测方法较少，无法评价其含量是否超过残留限量标准，这也有待进一步完善。

二、水 稻

（一）中国水稻生产和贸易基本情况

水稻是中国最重要的粮食作物，在全球产稻国中，播种面积仅次于印度而总产量居世界首位（赵凌等，2015）。据国家统计局公布数据，2018 年中国稻谷播种面积 30 189 千 hm^2，稻谷产量 21 213 万 t，单位面积产量 7 027 kg/hm^2。2018 年，为确保国内市场稳定供应，保障国家粮食安全，中国继续对大米出口采取了宏观调控措施，全年稻米累计进口约 308 万 t，同比减少 23.6%。2018 年稻米出口速度继续加快，出口量达到 214 万 t，同比增加 78.33%，为 2004 年以来最高水平。中国稻米正在以极具竞争力的价格扩大其在国际市场的份额。

由于中国米价较高，进口相对廉价的国外大米对于稳定物价、改善供求关系能起到积极作用。但如果把握不好，一旦失控，可能成为威胁中国粮食安全的隐患。一是影响农民种粮积极性。由于生产所需的物资、人力成本并没有下降，如果米价长期受到打压，必然会影响农民的生产积极性，导致稻谷产量下降，成为威胁国家粮食安全的隐患。即使政府不得已进行托市收购，也会给国家财政、粮食库存带来巨大的压力。二是不利于大米企业的做大做强。由于国内外米价差距较大，受暴利的驱使，走私大米现象呈上升态势。另外，中国的大米产量占世界总产量的 1/3 以上，是世界大米贸易量的 4 倍左右，仅依靠国际大米市场无法满足国内对大米的需求。如果过于依赖进口大米，加工企业必然会减少对国产米的用量，不利于企业做大做强。

（二）水稻质量安全标准制定基本情况

1. 中国水稻品质标准及安全标准

中国稻米品质标准按产品类别，分为稻谷标准和大米标准两类。稻谷品质标准包括 GB 1350—2009《稻谷》、GB/T 17891—2017《优质稻谷》、NY/T 593—2013《食用稻品种品质》；大米品质标准包括 GB 1354—2018《大米》、GB/T 18810—2002《糙米》、NY/T 594—2013《食用粳米》、NY/T 595—2013《食用籼米》、NY/T 596—2002《香稻米》和 NY/T 832—2004《黑米》。其中，GB 1350—2009 和 GB/T 17891—2017 主要应用于商品稻谷的收购；NY/T 593—2013 主要应用于水稻品种品质的评价，两者互为补充。GB 1354—2018《大米》标准于 2019 年 5 月 1 日实施，与 GB 1354—2009《大米》标准相比的主要技术差异：调整了适用范围；调整了部分术语；调整了定等指标，突出了适度加工；调整了部分指标；调整了判定规则；调整了标签要求。此外，科学家对稻米品质长期的科研结果认为，稻米的食味和蒸煮品质与直链淀粉含量、胶稠度和糊化温度3个性状高度相关。而GB 1354—2009《大米》未将胶稠度、糊化温度指标列入，建议增加该两项指标。同时，米饭的食味还与蛋白质含量有关。一般要求较低的蛋白质含量，建议增加该项指标。

GB 2763—2019《食品安全国家标准 食品中农药最大残留限量》发布，于2020年2月15日实施，成为中国监管食品中农药残留的唯一强制性国家标准。该标准制定了水稻中320项农药最大残留限量（表2-2），包括糙米、大米和稻谷3种形式，有效地解决了过去农药残留标准并存、交叉和老化等问题。

2. 泰国和老挝水稻安全标准

水稻不但是泰国主要的食物和营养来源，水稻生产也是其传统文化的重要组成部分。因为水稻在泰国的特殊重要地位，2006年3月泰国农业与合作部设立了专门的水稻司，负责全国水稻生产管理和科技研发，其主要职能包括选育高品质水稻品种并推广，研究水稻生产技术，生产高质量水稻种子满足生产需要，培训农民提高其技术水平，研发稻米产品提高附加值（黄志才等，2018）。但是，泰国仅制定了15项水稻中农药最大残留限量，其对大米的分类特别列出了熏蒸后24小时内自由暴露在空气中农药最大残留限量（表2-2）。此外，泰国在农药残留检测方法采用通行国际标准，尚未制定泰国的国家标准或行业标准。

农业是老挝的经济支柱，主要农作物是水稻，水稻种植面积占全国农作物种植面积的85%，主要分布在万象地区、沙湾拿吉省、沙拉湾省和占巴色省等，其中南部3省稻谷产量占总产量的40%（周行等，2006）。由于栽培技术和灌溉设施较落后，很多地方一年只能在雨季时种1季水稻。目前，老挝关于水稻的质量安全标准几乎没有，仅制定了5项水稻中农药最大残留限量（表2-2），在其生产和贸易中通常只能采用贸易国的相关标准进行管理。

表2-2 中国、泰国、老挝关于水稻中农药最大残留限量比对

食品名	农药名称		主要用途	最大残留限量（mg/kg）		
	中文	英文		中国	泰国	老挝
1. 糙米	丙硫克百威	benfuracarb	杀虫剂	0.2*		
	甲基硫菌灵	thiophanate-methyl	杀菌剂	1		
	乙基多杀菌素	spinetoram	杀虫剂	0.2*		
	2,4-滴二甲胺盐	2,4-D-dimethylamine salt	除草剂	0.05		
	2甲4氯（钠）	MCPA（sodium）	除草剂	0.05		
	阿维菌素	abamectin	杀虫剂	0.02		

（续表）

食品名	农药名称		主要用途	最大残留限量（mg/kg）		
	中文	英文		中国	泰国	老挝
1. 糙米	苯醚甲环唑	difenoconazole	杀菌剂	0.5		
	苯噻酰草胺	mefenacet	除草剂	0.05*		
	苯线磷	fenamiphos	杀虫剂	0.02		
	吡虫啉	imidacloprid	杀虫剂	0.05		
	吡嘧磺隆	pyrazosulfuron-ethyl	除草剂	0.1		
	吡蚜酮	pymetrozine	杀虫剂	0.2		
	苄嘧磺隆	bensulfuron-methyl	除草剂	0.05		
	丙环唑	propiconazole	杀菌剂	0.1		
	丙硫多菌灵	Albendazole	杀菌剂	0.1*		
	丙炔噁草酮	oxadiargyl	除草剂	0.02*		
	丙森锌	propineb	杀菌剂	1		
	丙溴磷	profenofos	杀虫剂	0.02		
	虫酰肼	tebufenozide	杀虫剂	2		
	春雷霉素	kasugamycin	杀菌剂	0.1*		
	代森铵	amobam	杀菌剂	0.1		
	稻丰散	phenthoate	杀虫剂	0.2		
	稻瘟酰胺	fenoxanil	杀菌剂	1		
	敌百虫	trichlorfon	杀虫剂	0.1		
	敌草快	diquat	除草剂	1		
	敌敌畏	dichlorvos	杀虫剂	0.2		
	敌磺钠	fenaminosulf	杀菌剂	0.5*		
	敌瘟磷	edifenphos	杀菌剂	0.2		
	丁虫腈	flufiprole	杀虫剂	0.02*		
	丁硫克百威	carbosulfan	杀虫剂	0.5		
	丁香菌酯	coumoxystrobin	杀菌剂	0.2*		
	啶虫脒	acetamiprid	杀虫剂	0.5		
	毒草胺	propachlor	除草剂	0.05		
	毒氟磷	dufulin	杀菌剂	1*		
	噁草酮	oxadiazon	除草剂	0.05		
	噁霉灵	hymexazol	杀菌剂	0.1*		
	噁嗪草酮	oxaziclomefone	除草剂	0.05		
	噁唑酰草胺	metamifop	除草剂	0.05*		
	二甲戊灵	pendimethalin	除草剂	0.1		
	二氯喹啉酸	quinclorac	除草剂	1		
	呋虫胺	dinotefuran	杀虫剂	5		
	氟苯虫酰胺	flubendiamide	杀虫剂	0.2*		
	氟吡磺隆	flucetosulfuron	除草剂	0.05*		
	氟虫腈	fipronil	杀虫剂	0.02		

（续表）

食品名	农药名称		主要用途	最大残留限量（mg/kg）		
	中文	英文		中国	泰国	老挝
1. 糙米	氟啶虫胺腈	sulfoxaflor	杀虫剂	2*		
	氟环唑	epoxiconazole	杀菌剂	0.5		
	氟酰胺	flutolanil	杀菌剂	2		
	氟唑菌酰胺	fluxapyroxad	杀菌剂	1*		
	福美双	thiram	杀菌剂	0.1		
	咯菌腈	fludioxonil	杀菌剂	0.05		
	咯菌腈	fludioxonil	杀菌剂	0.05		
	禾草丹	thiobencarb	除草剂	0.2		
	禾草敌	molinate	除草剂	0.1		
	环丙嘧磺隆	cyclosulfamuron	除草剂	0.1*		
	环酯草醚	pyriftalid	除草剂	0.1		
	己唑醇	hexaconazole	杀菌剂	0.1		
	甲氨基阿维菌素苯甲酸盐	emamectin benzoate	杀虫剂	0.02*		
	甲胺磷	methamidophos	杀虫剂	0.5		
	甲拌磷	phorate	杀虫剂	0.05		
	甲草胺	alachlor	除草剂	0.05		
	甲磺隆	metsulfuron-methyl	除草剂	0.05		
	甲基立枯磷	tolclofos-methyl	杀菌剂	0.05		
	甲基嘧啶磷	pirimiphos-methyl	杀虫剂	2		
	甲基异柳磷	isofenphos-methyl	杀虫剂	0.02*		
	甲霜灵和精甲霜灵	metalaxyl 和 metalaxyl-M	杀菌剂	0.1		
	甲氧虫酰肼	methoxyfenozide	杀虫剂	0.1		
	腈苯唑	fenbuconazole	杀菌剂	0.1		
	精噁唑禾草灵	fenoxaprop-P-ethyl	除草剂	0.1		
	井冈霉素	jiangangmycin	杀菌剂	0.5		
	克百威	carbofuran	杀虫剂	0.1		
	喹硫磷	quinalphos	杀虫剂	1		
	硫酰氟	sulfuryl fluoride	杀虫剂	0.1		
	氯虫苯甲酰胺	chlorantraniliprole	杀虫剂	0.5*		
	氯啶菌酯	triclopyricarb	杀菌剂	2*		
	氯氟氰菊酯和高效氯氟氰菊酯	cyhalothrin 和 lambda-cyhalothrin	杀虫剂	1		
	氯噻啉	imidaclothiz	杀虫剂	0.1*		
	氯溴异氰尿酸	chloroisobromine cyanuric acid	杀菌剂	0.2*		
	氯唑磷	isazofos	杀虫剂	0.05*		
	马拉硫磷	malathion	杀虫剂	1		
	醚磺隆	cinosulfuron	除草剂	0.1		

（续表）

食品名	农药名称		主要用途	最大残留限量（mg/kg）		
	中文	英文		中国	泰国	老挝
1. 糙米	醚菊酯	etofenprox	杀虫剂	0.01		
	醚菌酯	kresoxim-methyl	杀菌剂	0.1		
	嘧苯胺磺隆	orthosulfamuron	除草剂	0.05*		
	嘧草醚	pyriminobac-methyl	除草剂	0.1*		
	嘧啶肟草醚	pyribenzoxim	除草剂	0.05*		
	嘧菌环胺	cyprodinil	杀菌剂	0.2		
	嘧菌酯	azoxystrobin	杀菌剂	0.5		
	灭瘟素	blasticidin-S	杀菌剂	0.1*		
	灭线磷	ethoprophos	杀线虫剂	0.02		
	灭锈胺	mepronil	杀菌剂	0.2*		
	萘乙酸和萘乙酸钠	1-naphthylacetic acid 和 sodium 1-naphthalacitic acid	植物生长调节剂	0.1		
	宁南霉素	ningnanmycin	杀菌剂	0.2*		
	哌草丹	dimepiperate	除草剂	0.05*		
	氰氟草酯	cyhalofop-butyl	除草剂	0.1		
	氰氟虫腙	metaflumizone	杀虫剂	0.1*		
	噻虫胺	clothianidin	杀虫剂	0.2		
	噻虫嗪	thiamethoxam	杀虫剂	0.1		
	噻呋酰胺	thifluzamide	杀菌剂	3		
	噻嗪酮	buprofezin	杀虫剂	0.3		
	噻唑锌	zinc-thiazole	杀菌剂	0.2*		
	三唑醇	triadimenol	杀菌剂	0.05		
	杀虫单	thiosultap-monosodium	杀虫剂	0.5		
	杀虫脒	chlordimeform	杀虫剂	0.01		
	杀螺胺乙醇胺盐	niclosamide-olamine	杀虫剂	0.5*		
	杀螟丹	cartap	杀虫剂	0.1		
	杀扑磷	methidathion	杀虫剂	0.05		
	莎稗磷	anilofos	除草剂	0.1		
	霜霉威和霜霉威盐酸盐	propamocarb 和 propamocarb hydrochloride	杀菌剂	0.1		
	水胺硫磷	isocarbophos	杀虫剂	0.05		
	四聚乙醛	metaldehyde	杀螺剂	0.2*		
	四氯苯酞	phthalide	杀菌剂	1*		
	调环酸钙	prohexadione-calcium	植物生长调节剂	0.05		
	萎锈灵	carboxin	杀菌剂	0.2		
	肟菌酯	trifloxystrobin	杀菌剂	0.1		
	五氟磺草胺	penoxsulam	除草剂	0.02*		

（续表）

食品名	农药名称		主要用途	最大残留限量（mg/kg）		
	中文	英文		中国	泰国	老挝
1. 糙米	戊唑醇	tebuconazole	杀菌剂	0.5		
	西草净	simetryn	除草剂	0.05		
	烯丙苯噻唑	probenazole	杀菌剂	1*		
	烯肟菌胺	fenaminstrobin	杀菌剂	1*		
	烯效唑	uniconazole	植物生长调节剂	0.1		
	硝磺草酮	mesotrione	除草剂	0.05		
	溴氰虫酰胺	cyantraniliprole	杀虫剂	0.2*		
	溴硝醇	bronopol	杀菌剂	0.2*		
	乙草胺	acetochlor	除草剂	0.05		
	乙虫腈	ethiprole	杀虫剂	0.2		
	乙蒜素	ethylicin	杀菌剂	0.05*		
	乙酰甲胺磷	acephate	杀虫剂	1		
	乙氧氟草醚	oxyfluorfen	除草剂	0.05		
	乙氧磺隆	ethoxysulfuron	除草剂	0.05		
	异丙草胺	propisochlor	除草剂	0.05		
	异丙甲草胺和精异丙甲草胺	metolachlor 和 s-metolachlor	除草剂	0.1		
	异丙隆	isoproturon	除草剂	0.05		
	异稻瘟净	iprobenfos	杀菌剂	0.5		
	异噁草酮	clomazone	除草剂	0.02		
	异菌脲	iprodione	杀菌剂	10		
	吲唑磺菌胺	amisulbrom	杀菌剂	0.05*		
	茚虫威	indoxacarb	杀虫剂	0.1		
	仲丁灵	butralin	除草剂	0.05		
	唑草酮	carfentrazone-ethyl	除草剂	0.1		
	二甲四氯异辛酯	MCPA-isooctyl	除草剂	0.05*		
	倍硫磷	fenthion	杀虫剂	0.05		
	丙嗪嘧磺隆	propyrisulfuron	除草剂	0.05*		
	哒螨灵	pyridaben	杀螨剂	0.1		
	多杀霉素	spinosad	杀虫剂	0.5		
	粉唑醇	flutriafol	杀菌剂	0.5		
	氟啶虫酰胺	flonicamid	杀虫剂	0.1		
	扑草净	prometryn	除草剂	0.05		
	嗪吡嘧磺隆	metazosulfuron	除草剂	0.05*		
	噻虫啉	thiacloprid	杀虫剂	0.2		
	噻霉酮	benziothiazolinone	杀菌剂	0.5*		
	三苯基乙酸锡	fentin acetate	杀菌剂	0.05*		

（续表）

食品名	农药名称		主要用途	最大残留限量（mg/kg）		
	中文	英文		中国	泰国	老挝
1. 糙米	杀虫双	thiosultap-disodium	杀虫剂	1		
	双草醚	bispyribac-sodium	除草剂	0.1*		
	烯啶虫胺	nitenpyram	杀虫剂	0.1*		
2. 大米	2,4–滴和2,4–滴钠盐	2,4-D 和 2,4-D Na	除草剂		0.1	0.1
	丙硫克百威	benfuracarb	杀虫剂	0.2*		
	百草枯	paraquat	除草剂		0.05	
	苯菌灵	benomyl	杀菌剂		2	
	吡虫啉	imidacloprid	杀虫剂		0.05	
	苄嘧磺隆	bensulfuron-methyl	除草剂	0.05		
	丙草胺	pretilachlor	除草剂	0.1		
	丙森锌	propineb	杀菌剂		0.05	
	代森锰锌	mancozeb	杀菌剂		0.05	
	代森锌	zineb	杀菌剂		0.05	
	稻丰散	phenthoate	杀虫剂	0.05		
	稻瘟灵	isoprothiolane	杀菌剂	1		
	敌稗	propanil	除草剂	2		
	敌瘟磷	edifenphos	杀菌剂	0.1		
	丁草胺	butachlor	除草剂	0.5		
	丁硫克百威	carbosulfan	杀虫剂		0.2	
	毒死蜱	chlorpyrifos	杀虫剂		0.1	
	多菌灵	carbendazim	杀菌剂	2	2	
	氟虫腈	fipronil	杀虫剂		0.01	
	氟酰胺	flutolanil	杀菌剂	1		
	福美双	thiram	杀菌剂		0.05	
	禾草敌	molinate	除草剂	0.1		
	甲基嘧啶磷	pirimiphos-methyl	杀虫剂	1	7	
	甲基嘧啶磷	pirimiphos-methyl	杀虫剂		5	
	甲萘威	carbaryl	杀虫剂	1	1	
	克百威	carbofuran	杀虫剂		0.1	0.1
	喹硫磷	quinalphos	杀虫剂	0.2*		
	磷化氢	hydrogen phosphide	杀虫剂		0.1	
	硫酰氟	sulfuryl fluoride	杀虫剂	0.1	0.1	
	氯虫苯甲酰胺	chlorantraniliprole	杀虫剂	0.04*		
	氯氟氰菊酯和高效氯氟氰菊酯	cyhalothrin 和 lambda-cyhalothrin	杀虫剂			1
	马拉硫磷	malathion	杀虫剂	0.1		

（续表）

食品名	农药名称		主要用途	最大残留限量（mg/kg）		
	中文	英文		中国	泰国	老挝
2. 大米	三唑磷	triazophos	杀虫剂	0.6		
	杀虫环	thiocyclam	杀虫剂	0.2		
	杀虫双	thiosultap-disodium	杀虫剂	0.2		
	杀螟丹	cartap	杀虫剂	0.1		
	杀螟硫磷	fenitrothion	杀虫剂	1*	6	
	戊唑醇	tebuconazole	杀菌剂			1.5
	溴甲烷	methyl bromide	熏蒸剂		50	
	乙酰甲胺磷	acephate	杀虫剂		1	
	异丙威	isoprocarb	杀虫剂	0.2		
3. 稻谷	滴滴涕	DDT	杀虫剂	0.1		
	氯化苦	chloropicrin	熏蒸剂	0.1		
	嗪氨灵	triforine	杀菌剂	0.1		
	三唑酮	triadimefon	杀菌剂	0.5		
	乙基多杀菌素	spinetoram	杀虫剂	0.5*		
	2,4- 滴二甲胺盐	2,4-D-dimethylamine salt	除草剂	0.05		
	2 甲 4 氯异辛酯	MCPA-isooctyl	除草剂	0.05*		
	艾氏剂	aldrin	杀虫剂	0.02		
	百草枯	paraquat	除草剂	0.05		
	百菌清	chlorothalonil	杀菌剂	0.2		
	倍硫磷	fenthion	杀虫剂	0.05		
	苯嘧磺草胺	saflufenacil	除草剂	0.01*		
	苯线磷	fenamiphos	杀虫剂	0.02		
	吡蚜酮	pymetrozine	杀虫剂	1		
	丙硫多菌灵	Albendazole	杀菌剂	0.1*		
	丙嗪嘧磺隆	propyrisulfuron	除草剂	0.05*		
	丙森锌	propineb	杀菌剂	2		
	草铵膦	glufosinate-ammonium	除草剂	0.9*		
	草甘膦	glyphosate	除草剂	0.1		
	虫酰肼	tebufenozide	杀虫剂	5		
	除虫菊素	pyrethrins	杀虫剂	0.3		
	除虫脲	diflubenzuron	杀虫剂	0.01		
	哒螨灵	pyridaben	杀螨剂	1		
	代森铵	amobam	杀菌剂	0.1		
	狄氏剂	dieldrin	杀虫剂	0.02		
	敌百虫	trichlorfon	杀虫剂	0.1		
	敌草腈	dichlobenil	除草剂	0.01*		
	敌敌畏	dichlorvos	杀虫剂	0.1	0.2	

（续表）

食品名	农药名称		主要用途	最大残留限量（mg/kg）		
	中文	英文		中国	泰国	老挝
3. 稻谷	敌磺钠	fenaminosulf	杀菌剂	0.5*		
	敌菌灵	anilazine	杀菌剂	0.2		
	地虫硫磷	fonofos	杀虫剂	0.01		
	丁虫腈	flufiprole	杀虫剂	0.1		
	丁硫克百威	carbosulfan	杀虫剂	0.5		
	丁香菌酯	coumoxystrobin	杀菌剂	0.5*		
	啶酰菌胺	boscalid	杀菌剂	0.1		
	毒草胺	propachlor	除草剂	0.05		
	毒氟磷	dufulin	杀菌剂	5*		
	毒杀芬	camphechlor	杀虫剂	0.01*		
	毒死蜱	chlorpyrifos	杀虫剂	0.5	0.5	0.5
	对硫磷	parathion	杀虫剂	0.1		
	多杀霉素	spinosad	杀虫剂	1		
	多效唑	paclobutrazol	植物生长调节剂	0.5		
	噁草酮	oxadiazon	除草剂	0.05		
	噁唑酰草胺	metamifop	除草剂	0.05*		
	二甲戊灵	pendimethalin	除草剂	0.2		
	二嗪磷	diazinon	杀虫剂	0.1		
	粉唑醇	flutriafol	杀菌剂	1		
	呋虫胺	dinotefuran	杀虫剂	10		
	氟苯虫酰胺	flubendiamide	杀虫剂	0.5*		
	氟啶虫胺腈	sulfoxaflor	杀虫剂	5*		
	氟啶虫酰胺	flonicamid	杀虫剂	0.5		
	氟硅唑	flusilazole	杀菌剂	0.2		
	氟唑环菌胺	sedaxane	杀菌剂	0.01*		
	氟唑菌酰胺	fluxapyroxad	杀菌剂	5*		
	福美双	thiram	杀菌剂	0.1		
	咯菌腈	fludioxonil	杀菌剂	0.05		
	咯菌腈	fludioxonil	杀菌剂	0.05		
	环丙唑醇	cyproconazole	杀菌剂	0.08		
	环酯草醚	pyriftalid	除草剂	0.1		
	甲拌磷	phorate	杀虫剂	0.05		
	甲基毒死蜱	chlorpyrifos-methyl	杀虫剂	5*		0.1
	甲基对硫磷	parathion-methyl	杀虫剂	0.02		
	甲基硫环磷	phosfolan-methyl	杀虫剂	0.03*		
	甲基嘧啶磷	pirimiphos-methyl	杀虫剂	5		
	甲咪唑烟酸	imazapic	除草剂	0.05		

（续表）

食品名	农药名称		主要用途	最大残留限量（mg/kg）		
	中文	英文		中国	泰国	老挝
3. 稻谷	甲氧虫酰肼	methoxyfenozide	杀虫剂	0.2		
	甲氧咪草烟	imazamox	除草剂	0.01*		
	井冈霉素	jiangangmycin	杀菌剂	0.5		
	久效磷	monocrotophos	杀虫剂	0.02		
	抗蚜威	pirimicarb	杀虫剂	0.05		
	喹硫磷	quinalphos	杀虫剂	2		
	乐果	dimethoate	杀虫剂	0.05*		
	磷胺	phosphamidon	杀虫剂	0.02		
	磷化铝	aluminium phosphide	杀虫剂	0.05		
	磷化镁	megnesium phosphide	杀虫剂	0.05		
	硫酰氟	sulfuryl fluoride	杀虫剂	0.05		
	硫线磷	cadusafos	杀虫剂	0.02		
	六六六	HCB	杀虫剂	0.05		
	氯虫苯甲酰胺	chlorantraniliprole	杀虫剂	0.5*		
	氯啶菌酯	triclopyricarb	杀菌剂	5*		
	氯氟吡氧乙酸和氯氟吡氧乙酸异辛酯	fluroxypyr 和 fluroxypyr-meptyl	除草剂	0.2		
	氯菊酯	permethrin	杀虫剂	2		
	氯氰菊酯和高效氯氰菊酯	cypermethrin 和 beta-cypermethrin	杀虫剂	2		
	氯噻啉	imidaclothiz	杀虫剂	0.1*		
	氯溴异氰尿酸	chloroisobromine cyanuric acid	杀菌剂	0.2*		
	马拉硫磷	malathion	杀虫剂	8		
	咪鲜胺和咪鲜胺锰盐	prochloraz 和 prochloraz-manganese chloride complex	杀菌剂	0.5		
	醚菌酯	kresoxim-methyl	杀菌剂	1		
	嘧苯胺磺隆	orthosulfamuron	除草剂	0.05*		
	嘧草醚	pyriminobac-methyl	除草剂	0.2*		
	嘧啶肟草醚	pyribenzoxim	除草剂	0.05*		
	嘧菌环胺	cyprodinil	杀菌剂	0.2		
	嘧菌酯	azoxystrobin	杀菌剂	1		
	灭草松	bentazone	除草剂	0.1		
	灭蚁灵	mirex	杀虫剂	0.01		
	宁南霉素	ningnanmycin	杀菌剂	0.2*		
	扑草净	prometryn	除草剂	0.05		
	七氯	heptachlor	杀虫剂	0.02		
	嗪吡嘧磺隆	metazosulfuron	除草剂	0.05*		
	氰氟虫腙	metaflumizone	杀虫剂	0.5*		

（续表）

食品名	农药名称		主要用途	最大残留限量（mg/kg）		
	中文	英文		中国	泰国	老挝
3. 稻谷	噻草酮	cycloxydim	除草剂	0.09*		
	噻虫胺	clothianidin	杀虫剂	0.5		
	噻虫啉	thiacloprid	杀虫剂	10		
	噻呋酰胺	thifluzamide	杀菌剂	7		
	噻霉酮	benziothiazolinone	杀菌剂	1*		
	噻嗪酮	buprofezin	杀虫剂	0.3		
	噻唑锌	zinc-thiazole	杀菌剂	0.2*		
	三苯基乙酸锡	fentin acetate	杀菌剂	5*		
	三环唑	tricyclazole	杀菌剂	2		
	三唑醇	triadimenol	杀菌剂	0.5		
	三唑磷	triazophos	杀虫剂	0.05		
	杀虫脒	chlordimeform	杀虫剂	0.01		
	杀虫双	thiosultap-disodium	杀虫剂	1		
	杀螺胺乙醇胺盐	niclosamide-olamine	杀虫剂	2*		
	杀螟硫磷	fenitrothion	杀虫剂	5*	1	
	杀扑磷	methidathion	杀虫剂	0.05		
	莎稗磷	anilofos	除草剂	0.1		
	双草醚	bispyribac-sodium	除草剂	0.1* 0.02*		
	霜霉威和霜霉威盐酸盐	propamocarb 和 propamocarb hydrochloride	杀菌剂	0.2		
	水胺硫磷	isocarbophos	杀虫剂	0.05		
	四氯苯酞	phthalide	杀菌剂	0.5*		
	特丁硫磷	terbufos	杀虫剂	0.01		
	调环酸钙	prohexadione-calcium	植物生长调节剂	0.05		
	肟菌酯	trifloxystrobin	杀菌剂	0.1		
	五氟磺草胺	penoxsulam	除草剂	0.02*		
	烯丙苯噻唑	probenazole	杀菌剂	1*		
	烯虫酯	methoprene	杀虫剂	10		
	烯啶虫胺	nitenpyram	杀虫剂	0.5*		
	烯肟菌胺	fenaminstrobin	杀菌剂	1*		
	烯唑醇	diniconazole	杀菌剂	0.05		
	硝磺草酮	mesotrione	除草剂	0.05		
	辛硫磷	phoxim	杀虫剂	0.05		
	溴甲烷	methyl bromide	熏蒸剂	5		
	溴氰虫酰胺	cyantraniliprole	杀虫剂	0.2*		
	溴氰菊酯	deltamethrin	杀虫剂	0.5		

（续表）

食品名	农药名称		主要用途	最大残留限量（mg/kg）		
	中文	英文		中国	泰国	老挝
3. 稻谷	溴硝醇	bronopol	杀菌剂	0.2*		
	亚胺硫磷	phosmet	杀虫剂	0.5		
	乙硫磷	ethion	杀虫剂	0.2		
	乙蒜素	ethylicin	杀菌剂	0.05*		
	异丙草胺	propisochlor	除草剂	0.05		
	异狄氏剂	endrin	杀虫剂	0.01		
	吲唑磺菌胺	amisulbrom	杀菌剂	0.05*		
	茚虫威	indoxacarb	杀虫剂	0.1		
	增效醚	piperonyl butoxide	增效剂	30		
	仲丁灵	butralin	除草剂	0.05		
	仲丁威	fenobucarb	杀虫剂	0.5		

注：* 该限量为临时限量。

中国最大残留限量标准摘自 GB 2763—2019《食品安全国家标准　食品中农药最大残留限量》；泰国最大残留限量标准由泰国农业部农业司提供；老挝最大残留限量标准由老挝农林部农业司提供。

（三）建　议

1. 构建水稻生产全产业链标准体系

科学设计总体框架，清理作废标准，加快制定缺项标准，修订完善现行标准，在原有水稻生产标准化体系的基础上，完善农药残留限量标准，并着重建设生产过程标准，包括播种、育秧、整地、施肥、除草、灌溉、病虫防治、收获、脱粒、烘干等各环节的标准化，保证稻米生产、加工、储运、流通、贸易各环节有标可依。

2. 开展水稻质量安全技术研究

加强水稻质量安全普查、行业潜规则排查等风险监测评估工作，尤其要加强病虫高发年份农药使用指导和农药残留监控及部分地区稻米产品重金属监测，做到心中有底，以科学妥善处置公众关切的焦点问题。综合运用行政手段和技术措施，加强水稻进出口贸易管理，采取有效措施调控大米进口，防范国外低价大米对中国稻米产业的冲击。

3. 加强水稻标准化推广实施

以现有的政府推广体系为推广主体，由政府统一制定标准化推广和实施细则，提高推广效率和到位率。探索和推广"公司 + 合作组织 + 基地 + 标准 + 农户"等形式多样的推广模式，充分发挥龙头企业的带动作用，通过"龙头带动基地，基地带动农户"，推进水稻标准化建设。加强水稻标准化示范区建设，发挥示范区示范、辐射、带动作用，通过连片种植，标准化实施、品牌创建等带动周边水稻产业发展，加速水稻生产标准化的推广实施。

4. 确保标准化建设保障措施

国家应当进一步完善相关法律法规，把涉及身体健康和生态环境方面的技术标准转化为技术法规，为标准化实施创造一个良好的政策环境。将水稻标准体系建设纳入国民经济计划，所需资金列入财政预算，建立健全融资渠道，逐步建立以政府投入为主、企业等投入为辅的多元化投资机制，不断加强水稻产业信息、物流、环保标准化建设，为标准化的进一步实施提供良好的平台。加快人才队伍培养，以农业院校为依托，重点培养农业标准化综合性应用人才，建立一支热心于标准化工作的高水平技术人才队伍，服务水稻生产，为水稻标准体系建设提供人力保障。

参考文献

黄志才，李召华，周昆，等，2018. 泰国水稻生产概况与杂交水稻发展现状［J］. 杂交水稻，33（5）：68-71，2.

南方农村报，［2019-05-11］. 老挝香蕉出口今年预计增至 1.68 亿美元，主要出口到中国［EB/OL］. http://www.nfncb.cn/content-1169-1179877-1.html.

张继军，黄咏华，2008. 我国主要热带水果国际竞争力及其发展潜力研究［J］. 台湾农业探索（1）：1-8.

赵凌，赵春芳，周丽慧，等，2015. 中国水稻生产现状与发展趋势［J］. 江苏农业科学，43（10）：105-107.

周行，毛昌祥，吕荣华，2006. 老挝的水稻生产现状［J］. 世界农业（8）：49-50.

第三章

热带农产品农药残留检测技术标准

一、蔬菜水果中有机磷类农药多残留的测定

本测定方法参考我国 NY/T 761—2088《蔬菜和水果中有机磷、有机氯、拟除虫菊酯和氨基甲酸酯类农药多残留的测定》中有机磷类农药多残留的测定。

（一）范　围

本方法规定了蔬菜水果中敌敌畏、乙酰甲胺磷、氧乐果、甲基对硫磷、毒死蜱、对硫磷、倍硫磷、丙溴磷、甲胺磷、甲拌磷、二嗪磷、乐果、马拉硫磷、杀螟硫磷、甲基异柳磷、水胺硫磷、灭线磷、治螟磷、特丁硫磷、氯唑磷、敌百虫、亚胺硫磷共 22 种有机磷类农药多残留气相色谱的检测方法。

本方法适用蔬菜包括秀珍菇、空心菜、苦瓜、茄子、辣椒、豇豆、普通白菜、黄瓜、金针菇、结球甘蓝、马铃薯、蒜、洋葱、西葫芦、番茄、香菇、双孢菇、花椰菜、白萝卜、上海青、芹菜、胡萝卜、平菇、芦笋、蕹菜、冬瓜、姜、葱、菜心、丝瓜、青花菜、生菜、韭菜、菜豆、油麦菜等。

本方法适用水果包括葡萄、桃、西瓜、水蜜桃、苹果、梨、柑橘、枣、冰糖橘、香梨、蜜橘、冬枣等。

（二）原　理

试样中有机磷类农药经乙腈提取，提取溶液经过滤、浓缩后，用丙酮定容，火焰光度检测器（FPD 磷滤光片）检测，外标法定量。

（三）试剂与材料

乙腈；丙酮；氯化钠，140℃烘烤 4 h；滤膜，0.2 μm，有机溶剂膜。除另有说明外，本法所有试剂均为分析纯。

（四）仪器设备

气相色谱仪，火焰光度检测器（FPD 磷滤光片）；旋涡混合器；匀浆机；旋转蒸发仪。

（五）前处理

1. 提　取

准确称取 20.0 g 试样放入匀浆机中，加入 40.0 mL 乙腈，在匀浆机中高速匀浆 2 min

后用滤纸过滤，滤液收集到装有 5 ～ 7 g 氯化钠的 100 mL 具塞量筒中，收集滤液，盖上盖子，剧烈震荡 1 min，在室温下静置 30 min，使乙腈相和水相分层。

2. 净　化

从具塞量筒中吸取 10.00 mL 乙腈溶液，放入圆底烧瓶中，40℃蒸发近干，丙酮定容 2.5 mL，经 0.2μm 有机溶剂膜过滤后进行测定。

3. 测　定

（1）色谱条件。色谱柱：DM-17（30 m × 0.53 mm × 1 μm），或相当；进样口温度：220℃；检测器温度：250℃；柱温：150℃（保持 2min）$\xrightarrow{8℃/min}$ 250℃（保持 12 min）；载气：氮气，纯度≥ 99.999%，流速为 10 mL/min；燃气：氢气，纯度≥ 99.999%，流速为 75 mL/min；助燃气：空气，流速为 100 mL/min。进样方式：不分流进样。

（2）色谱分析。由自动进样器分别吸取 1.0 μL 标准混合溶液和净化后的样品溶液注入色谱仪中，以 Y 为峰面积，X 为标准溶液，绘制标准曲线。

（六）分析结果

试样中被测农药残留量 X_i，单位以毫克每千克（mg/kg）表示，按以下公式计算。

$$X_i = \frac{C_i \times V_0 \times V_2}{m \times V_1}$$

式中，X_i—样品中待测组分残留量，mg/kg；

C_i——待测组分标准工作液的浓度，μg/mL；

V_2——样品提取液的体积，mL；

V_1——分取体积，mL；

V_0——样品溶液最终的定容体积，mL；

m——样品质量，g。

（七）精密度和检出限

1. 精密度

在重复性条件下获得的两次独立测定结果的绝对差值不得超过算术平均值的 10 %。

2. 检出限

本方法检出限为：0.01 ～ 0.3 mg/kg。

（八）色谱图

色谱图见图 3-1。

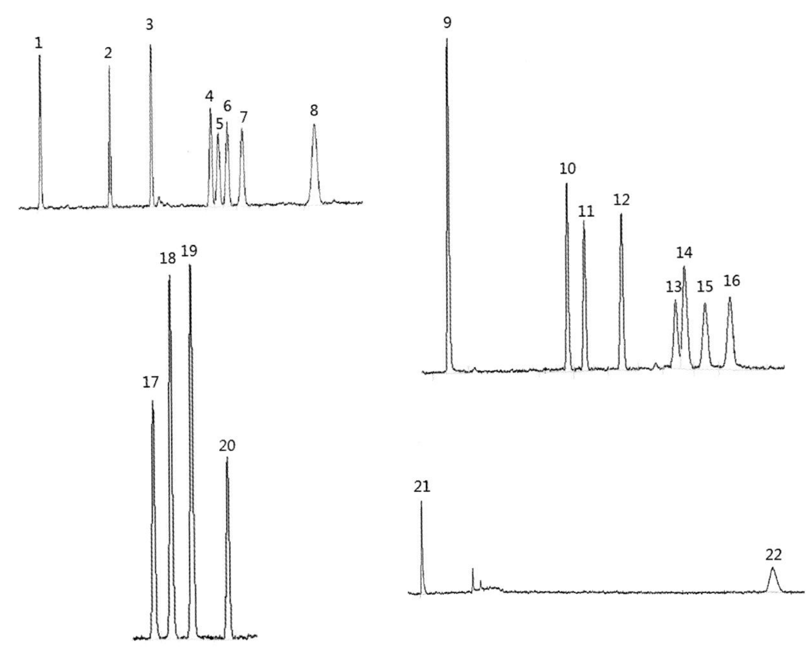

1–敌敌畏；2–乙酰甲胺磷；3–氧乐果；4–甲基对硫磷；5–毒死蜱；6–对硫磷；7–倍硫磷；8–丙溴磷；9–甲胺磷；10–甲拌磷；11–二嗪磷；12–乐果；13–马拉硫磷；14–杀螟硫磷；15–甲基异柳磷；16–水胺硫磷；17–灭线磷；18–治螟磷；19–特丁硫磷；20–氯唑磷；21–敌百虫；22–亚胺硫磷。

图 3–1 有机磷农药谱

二、蔬菜水果中有机氯类、拟除虫菊酯类农药多残留的测定

本测定方法参考我国 NY/T 761—2088《蔬菜和水果中有机磷、有机氯、拟除虫菊酯和氨基甲酸酯类农药多残留的测定》中有机氯、拟除虫菊酯类农药多残留的测定的方法。

（一）范 围

本方法规定了蔬菜水果中 α–666、β–666、γ–666、δ–666、三氯杀螨醇、哒螨灵、苯醚甲环唑、五氯硝基苯、百菌清、三唑酮、甲氰菊酯、氯氟氰菊酯、氟氯氰菊酯、氟氰戊菊酯、氟胺氰菊酯、o, p'–DDE、p, p'–DDE、o, p'–DDD、p, p'–DDD、o, p'–DDT、p, p'–DDT、乙烯菌核利、腐霉利、联苯菊酯、氯菊酯、氯氰菊酯、氰戊菊酯、溴氰菊酯共 28 种有机氯类、拟除虫菊酯类农药多残留气相色谱的检测。

本方法适用蔬菜包括秀珍菇、空心菜、苦瓜、茄子、辣椒、豇豆、普通白菜、黄瓜、金针菇、结球甘蓝、马铃薯、蒜、洋葱、西葫芦、番茄、香菇、双孢菇、花椰菜、白萝卜、上海青、芹菜、胡萝卜、平菇、芦笋、蕹菜、冬瓜、姜、葱、菜心、丝瓜、青花菜、生菜、韭菜、菜豆、油麦菜等。

本方法适用水果包括葡萄、桃、西瓜、水蜜桃、苹果、梨、柑橘、枣、冰糖橘、香梨、蜜橘、冬枣等。

（二）原 理

试样中有机氯类、拟除虫菊酯类农药用乙腈提取，提取液经过滤、浓缩后，采用固相萃取柱分离、净化，淋洗液经浓缩后，经气相色谱仪（ECD 检测器）检测，外标法定量。

（三）试剂与材料

乙腈；丙酮；正己烷；氯化钠，140 ℃烘烤 4 h；固相萃取柱，弗罗里硅柱（Florisil）；滤膜，0.2μm，有机溶剂膜。除另有说明外，本法所有试剂均为分析纯。

（四）仪器设备

气相色谱仪，电子捕获检测器 ECD；旋涡混合器；匀浆机；旋转蒸发仪。

（五）前处理

1. 提 取

准确称取 20.0 g 试样放入匀浆机中，加入 40.0 mL 乙腈，在匀浆机中高速匀浆 2 min 后用滤纸过滤，滤液收集到装有 5 ～ 7 g 氯化钠的 100 mL 具塞量筒中，收集滤液，盖上盖子，剧烈震荡 1 min，在室温下静置 30 min，使乙腈相和水相分层。

2. 净 化

从具塞量筒中吸取 10.00 mL 乙腈溶液，放入圆底烧瓶中，40℃蒸发近干，将弗罗里硅柱依次用 5.0 mL 丙酮 / 正己烷（v/v=10/90），5.0 mL 正己烷预淋洗，同时，将样品圆底烧瓶中加入 2.5 mL 正己烷，当固相萃取柱中溶剂液面达到柱吸附层表面时，立即倒入待净化溶液，用干净圆底烧瓶收集洗脱液，用 5.0 mL 丙酮 / 正己烷（v/v=10/90）冲洗圆底烧瓶后淋洗弗罗里硅柱，并重复一次，将盛有淋洗液的圆底烧瓶蒸干，用 5 mL 正己烷定容，经 0.2 μm 有机溶剂膜过滤后进行测定。

3. 测 定

（1）色谱条件。色谱柱：DM-1（30 m × 0.32 mm × 0.25 μm），或相当；进样口温度：200℃；检测器温度：320℃；柱温：150℃（保持 2 min）$\xrightarrow{6℃/min}$ 270℃（保持 8 min，测定溴氰菊酯保持 23 min）；载气：氮气，纯度≥ 99.999%，流速为 1.0 mL/min；辅助气：氮气，纯度≥ 99.999%，流速为 60 mL/min；进样方式：分流进样，分流比 10∶1。

（2）色谱分析。由自动进样器分别吸取 1.0μL 标准混合溶液和净化后的样品溶液注入色谱仪中，以 *Y* 为峰面积，*X* 为标准溶液，绘制标准曲线。

（六）分析结果

试样中被测农药残留量 X_i，单位以 mg/kg 表示，按以下公式计算。

$$X_i = \frac{C_i \times V_0 \times V_2}{m_1 \times V_1}$$

式中，X_i——样品中待测组分残留量，mg/kg；

C_i——待测组分标准工作液的浓度，μg/mL；

V_2——样品提取液的体积，mL；

V_1——分取体积，mL；

V_0——样品溶液最终的定容体积，mL；

m——样品质量，g。

（七）精密度和检出限

1. 精密度

在重复性条件下获得的两次独立测定结果的绝对差值不得超过算术平均值的 10 %。

2. 检出限

本方法检出限为：0.000 1 ～ 0.01 mg/kg。

（八）色谱图

色谱图见图 3–2。

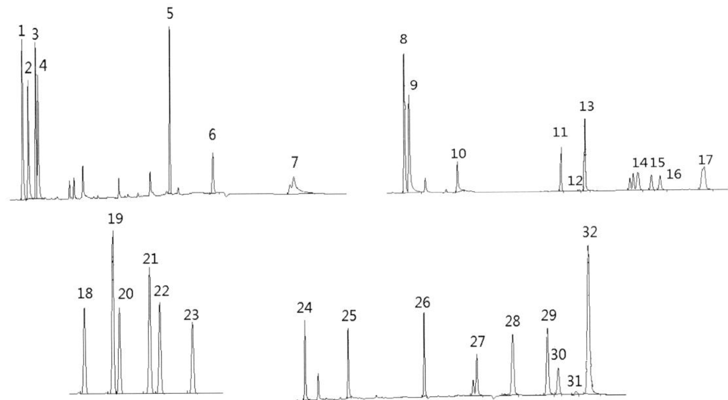

1–α–666；2–β–666；3–γ–666；4–δ–666；5– 三氯杀螨醇；6– 哒螨灵；7– 苯醚甲环唑；8– 五氯硝基苯；9– 百菌清；10– 三唑酮；11– 甲氰菊酯；12– 氯氟氰菊酯 1；13– 氯氟氰菊酯 2；14– 氟氯氰菊酯；15– 氟氰戊菊酯 1；16– 氟氰戊菊酯 2；17– 氟胺氰菊酯；18– o, p'–DDE；19– p, p'–DDE；20– o, p'–DDD；21– p, p'–DDD；22– o, p'–DDT；23– p, p'–DDT；24– 乙烯菌核利；25– 腐霉利；26– 联苯菊酯；27– 氯菊酯；28– 氯氰菊酯；29– 氰戊菊酯 1；30– 氰戊菊酯 2；31– 溴氰菊酯 1；32– 溴氰菊酯 2。

图 3–2　有机氯、拟除虫菊酯类农药谱

三、蔬菜水果中94种农药及相关化学品残留量的测定液相色谱—串联质谱法

本方法参考本法参考我国 GB/T 20769—2008《水果和蔬菜中 450 种农药及相关化学品残留量的测定 液相色谱—串联质谱法》。

（一）范 围

本方法规定了蔬菜水果中 94 种农药及相关化学品多残留液相色谱—串联质谱检测方法，具体农药及相关化学品见表 3-1。

表 3-1 94 种农药及相关化学品中英文名称、方法检出限和溶剂选择

序 号	中文名称	英文名称	检出限（μg/kg）	溶 剂
1	噻虫嗪	thiacloprid	0.09	甲醇
2	甲拌磷亚砜	phorate sulfoxide	92.07	甲醇
3	吡虫啉	imidacloprid	5.50	甲醇
4	克百威	carbofuran	3.27	甲醇
5	三羟基克百威	3-hydroxycarbofuran	3.27	甲醇
6	涕灭威	aldicarb	5.35	甲醇
7	涕灭威亚砜	aldicarb-sulfoxide	5.35	甲醇
8	涕灭威砜	aldicarb sulfone	5.35	甲醇
9	啶虫脒	acetamiprid	0.36	甲醇
10	甲萘威	carbaryl	2.58	甲醇
11	多菌灵	carbendazim	0.12	甲醇
12	灭多威	methomyl	2.39	甲醇
13	灭幼脲	chlorobenzuron	5.10	甲醇
14	阿维菌素	abamectin	0.50	甲醇
15	甲氨基阿维菌素苯甲酸盐	emamectin benzoate	0.08	甲醇
16	氟啶脲	chlorfluazuron	2.17	甲醇
17	烯酰吗啉	dimethomorph	0.09	甲醇
18	咪鲜胺	prochloraz	0.52	甲醇
19	异菌脲	iprodione	0.50	甲醇
20	辛硫磷	phoxim	20.70	甲醇
21	二甲戊乐灵	pendimethalin	5.00	甲醇
22	嘧霉胺	pyrimethanil	0.17	甲醇

（续表）

序　号	中文名称	英文名称	检出限（μg/kg）	溶　剂
23	伏杀硫磷	phosalone	12.01	甲醇
24	三唑磷	triazophos	0.17	甲醇
25	亚胺硫磷	phosmet	4.43	甲醇
26	嘧菌酯	azoxystrobin	5.00	甲醇
27	氟虫腈	fipronil	5.00	甲醇
28	氟虫腈砜	fipronil-sulfone	5.00	甲醇
29	氟虫腈硫醚	fipronil-sulfide	5.00	甲醇
30	氟甲腈	fipronil-desulfinyl	5.00	甲醇
31	虫螨腈	chlorfenapyr	5.00	甲醇
32	除虫脲	diflubenzuron	10.00	甲醇
33	甲霜灵	metalaxyl	0.13	甲醇
34	氯虫苯甲酰胺	chloantraniliprole	10.0	甲醇
35	氟虫脲	flufenoxuron	0.79	甲醇
36	多杀菌素	spinosad	0.14	甲醇
37	霜霉威	propamocarb	0.02	甲醇
38	抗蚜威	pirimicarb	0.04	甲醇
39	异丙威	isoprocarb	0.58	甲醇
40	蝇毒磷	coumaphos	0.53	甲醇
41	噻菌灵	thiabendazole	0.12	甲醇
42	腈菌唑	myclobutanil	0.25	甲醇
43	抑霉唑	imazalil	0.50	甲醇
44	丙环唑	propiconazole	0.44	甲醇
45	腈苯唑	fenbuconazole	0.41	甲醇
46	杀铃脲	triflumuron	0.98	甲醇
47	鱼藤酮	rotenone	0.58	甲醇
48	炔螨特	propargite	17.15	甲醇
49	己唑醇	hexaconazole	10.0	甲醇
50	烯唑醇	diniconazole	0.34	甲醇
51	噻螨酮	hexythiazox	5.90	甲醇
52	唑螨酯	fenpyroximate	0.34	甲醇
53	虫酰肼	tebufenozide	6.95	甲醇
54	噻嗪酮	buprofezin	0.22	甲醇
55	莠去津	atrazine	10.0	甲醇
56	戊唑醇	tebuconazole	0.56	甲醇
57	噁草酸	propaquizafop	0.31	甲醇
58	噻嗯菊酯	kadethrin	0.83	甲醇
59	百克敏	pyraclostrobin	0.13	甲醇
60	吡唑解草酯	mefenpyr-diethyl	3.14	甲醇
61	甲基吡噁磷	azamethiphos	0.20	甲醇

（续表）

序　号	中文名称	英文名称	检出限（μg/kg）	溶　剂
62	氟苯嘧啶醇	nuarimol	0.25	甲醇
63	异丙乐灵	isopropalin	7.50	甲醇
64	十三吗啉	tridemorph	0.65	甲醇
65	另丁津	sebutylazine	0.08	甲醇
66	丙环津	cyprazine	0.01	甲醇
67	麦锈灵	benodanil	0.87	甲醇
68	野麦畏	triallate	5.05	甲醇
69	甜菜胺	desmedipham	1.01	甲醇
70	螺噁茂胺	spiroxamine	0.01	甲醇
71	磺噻隆	ethidimuron	0.38	甲醇
72	密草通	secbumeton	0.02	甲醇
73	久效威	thiofanox	39.25	甲醇
74	鼠立克	crimidine	0.39	甲醇
75	非草隆	fenuron	0.26	甲醇
76	棉隆	dazomet	31.75	甲醇
77	乙拌磷砜	disulfoton sulfone	0.62	甲醇
78	育畜磷	crufomate	0.13	甲醇
79	草不隆	neburon	1.78	甲醇
80	环嗪酮	hexazinone	0.03	甲醇
81	甲氧隆	metoxuron	0.16	甲醇
82	菜草畏	sulfallate	51.80	甲醇
83	苯嗪草酮	metamitron	1.59	甲醇
84	黑穗胺	fenfuram	0.20	甲醇
85	茵草敌	EPTC	9.33	甲醇
86	久效威砜	thiofanox-sulfone	6.02	甲醇
87	乙硫苯威亚砜	ethiofencarb-sulfoxide	56.00	甲醇
88	二氧威	dioxacarb	0.84	甲醇
89	丁酮砜威	butoxycarboxim	6.65	甲醇
90	甲菌定	dimethirimol	0.03	甲醇
91	灭害威	aminocarb	4.11	甲醇
92	克草敌	pebulate	0.85	甲醇
93	西玛通	simeton	0.28	甲醇
94	萘乙酰胺	1-naphthyl acetamide	0.20	甲醇

本方法适用蔬菜包括秀珍菇、空心菜、苦瓜、茄子、辣椒、豇豆、普通白菜、黄瓜、金针菇、结球甘蓝、马铃薯、蒜、洋葱、西葫芦、番茄、香菇、双孢菇、花椰菜、白萝卜、上海青、芹菜、胡萝卜、平菇、芦笋、蕹菜、冬瓜、姜、葱、菜心、丝瓜、青花菜、

生菜、韭菜、菜豆、油麦菜等。

本方法适用水果包括葡萄、桃、西瓜、水蜜桃、苹果、梨、柑橘、枣、冰糖橘、香梨、蜜橘、冬枣等。

（二）原　理

试样用乙腈匀浆提取，盐析离心，氨基柱柱净化，用二氯甲烷 + 甲醇（v/v=95/5）洗脱农药及相关化学品，液相色谱—串联质谱仪检测，外标法定量。

（三）试剂与材料

乙腈：色谱纯；二氯甲烷：色谱纯；甲醇：色谱纯；滤膜，0.2 μm，有机溶剂膜；氨基固相萃取柱；二氯甲烷 + 甲醇（v/v=95/5）；乙腈 + 水（v/v=3/2）；5 mmol/L 乙酸铵溶液：称取 0.375 g 乙酸铵加水稀释至 1 000 mL；氯化钠：优级纯；农药及相关化学品标准物质：纯度≥ 95%；水为 GB/T 6682 规定的一级水。

1. 标准储备溶液

分别称取 5 ～ 10 mg（精确至 0.1 mg）农药及相关化学品标准物质于 10 mL 容量瓶中，根据标准物质的溶解度选甲醇溶剂溶解并定容至刻度，溶剂选取参见表 3–1，标准储备溶液避光 0 ～ 4 ℃保存，可使用 1 年。

2. 混合标准溶液

按照农药及相关化学品的性质和保留时间，并根据每种农药及相关化学品在仪器上的响应灵敏度，确定其在混合标准溶液中的浓度。本标准对 94 种农药及相关化学品的溶剂和检出限参见表 3–1。

依据每种农药及相关化学品标准溶液浓度及其标准储备液的浓度，移取一定量的单个农药及相关化学品标准储备液于 100mL 容量瓶，用甲醇定容至刻度。混合标准溶液避光 0 ～ 4℃保存，可使用 1 个月。

3. 基质混合标准工作溶液

农药及相关化学品基质混合标准工作溶液是用空白样品基质溶液配成不同浓度的基质混合标准工作溶液，用于做标准工作曲线。

基质混合标准工作溶液应现用现配。

（四）仪器设备

液相色谱—串联质谱仪：配有电喷雾离子源（ESI）；分析天平：感量 0.1 mg 和 0.01 mg；高速组织捣碎机：转速不低于 20 000 r/min；离心管：80 mL；离心机；旋转蒸发仪；蒸发瓶；移液器；样品瓶；氮气吹干仪。

（五）前处理

1. 提　取

称取 20 g 试样（精确至 0.01 g）于 80 mL 离心管中，加入 40 mL 乙腈，用高速组织捣碎机在 15 000 r/min，匀浆提取 1 min，加入 5 g 氯化钠，再匀浆提取 1 min，再 4 000 r/min 离心 5 min，取上清液 20 mL（相当于 10 g 试样量），在 40 ℃水浴中旋转浓缩至近干，待净化。

2. 净　化

加样前先用 5 mL 二氯甲烷 + 甲醇（v/v=95/5）预洗 NH_2 柱，同时，用 2 mL 二氯甲烷 + 甲醇（v/v=95/5）溶解样品，当液面到达柱吸附层表面时，迅速将样品溶液转移至净化柱上，并更换新蒸发瓶接收。再每次用 4 mL 二氯甲烷 + 甲醇（v/v=95/5）洗涤样液瓶 3 次，并将洗涤液移入柱中，收集于蒸发瓶中，并在 40 ℃水浴中旋转浓缩至干，迅速加入 5 mL 乙腈 + 水（v/v=3/2），混匀，经 0.2 μm 滤膜过滤后进行液相色谱—串联质谱测定。

3. 液相色谱—串联质谱测定

（1）条件。① 色谱柱：ACQUITY_UPLC™ BEH C_{18}1.7 um 2.1 × 50 mm Column，柱温：35℃，进样量：5 μL。② 流动相及流速见表 3–2。③ 毛细管电压：2.8 kV，离子源温度：110℃，去溶剂气温度：350℃。④ 去溶剂气流量：900 L/hr，锥孔反吹气流量：50 L/hr，碰撞气流速：0.21 mL/min。

表 3–2　流动相梯度洗脱

时间（min）	流量（mL/min）	A（1mmol/L 乙酸铵溶液）(%)	B（乙腈）(%)
0.0	0.25	90.0	10.0
2.0	0.25	30.0	70.0
2.5	0.25	30.0	70.0
7.0	0.25	5.0	95.0
9.0	0.25	5.0	95.0
9.1	0.25	90.0	10.0
10.0	0.25	90.0	10.0

（2）定量测定。采用外标—标准曲线法定量测定，为减少基质对定量测定的影响，定量用标准溶液应采用基质混合标准工作溶液绘制标准曲线，并且保证所测样品中农药及相关化学品的响应值均在仪器的线性范围内。94 种农药及相关化学品多反应监测（MRM）色谱图参见表 3–3。

表 3-3 94 种农药及相关化学品质谱工作条件

序号	中文名称	英文名称	电离方式	母离子	去簇电压（V）	子离子 1	碰撞能量（V）	子离子 2	碰撞能量（V）
1	噻虫嗪	thiacloprid	ESI^+	292.0	71	211.0*	17	181.0	31
2	甲拌磷亚砜	phorate sulfoxide	ESI^+	277.0	50	199.0*	14	97.0	43
3	吡虫啉	imidacloprid	ESI^+	256.2	61	209.0*	23	175.2	23
4	克百威	carbofuran	ESI^+	222.2	46	165.2*	15	123.1	29
5	三羟基克百威	3-hydroxycarbofuran	ESI^+	238.1	80	180.9*	20	162.9	20
6	涕灭威	aldicarb	ESI^+	212.9	98	89.1*	16	98.0	14
7	涕灭威亚砜	aldicarb-sulfoxide	ESI^+	207.0	50	132.0*	9	89.0	19
8	涕灭威砜	aldicarb sulfone	ESI^+	223.0	80	86.1*	23	148.2	13
9	啶虫脒	acetamiprid	ESI^+	223.2	56	126.1*	29	99.1	47
10	甲萘威	carbaryl	ESI^+	202.1	50	145.0*	30	127.1	37
11	多菌灵	carbendazim	ESI^+	192.2	56	160.2*	27	132.1	41
12	灭多威	methomyl	ESI^+	163.1	36	106.0*	13	88.1	13
13	灭幼脲	chlorobenzuron	ESI^+	311.0	46	158.2*	19	141.2	47
14	阿维菌素	abamectin	ESI^+	895.4	150	751.3*	60	449.2	64
15	甲氨基阿维菌素苯甲酸盐	emamectin benzoate	ESI^+	886.4	150	158.0*	46	126.0	46
16	氟啶脲	chlorfluazuron	ESI^+	540.0	91	383.0*	27	158.0	27
17	烯酰吗啉	dimethomorph	ESI^+	388.2	130	165.2*	46	301.1	46
18	咪鲜胺	prochloraz	ESI^+	376.1	41	308.0*	17	70.1	37
19	异菌脲	iprodione	ESI^+	330.0	60	245.0*	19	288.0	18
20	辛硫磷	phoxim	ESI^+	299.1	56	129.1*	19	77.1	49
21	二甲戊乐灵	pendimethalin	ESI^+	282.2	41	212.1*	15	194.2	21
22	嘧霉胺	pyrimethanil	ESI^+	200.0	130	107.0*	46	82.0	46
23	伏杀硫磷	phosalone	ESI^+	367.9	62	181.9*	23	110.9	56
24	三唑磷	triazophos	ESI^+	314.0	130	162.0*	46	119.0	46
25	亚胺硫磷	phosmet	ESI^+	318.0	51	160.0*	19	133.0	49
26	嘧菌酯	azoxystrobin	ESI^+	404.1	51	372.1*	19	344.1	27
27	氟虫腈	fipronil	ESI^-	435.0	20	330.0*	17	250.0	25
28	氟虫腈砜	fipronil-sulfone	ESI^-	451.0	20	415.0*	25	282.0	25
29	氟虫腈硫醚	fipronil-sulfide	ESI^-	419.0	20	383.0*	15	262.0	26
30	氟甲腈	fipronil-desulfinyl	ESI^-	387.0	20	351.0*	30	282.0	35
31	虫螨腈	chlorfenapyr	ESI^-	348.8	102	80.9*	72	131.0	70
32	除虫脲	diflubenzuron	ESI^-	308.9	84	288.8*	11.59	155.9	14.87
33	甲霜灵	metalaxyl	ESI^+	280.1	20	220*	15	192.1	15
34	氯虫苯甲酰胺	chloantraniliprole	ESI^+	484	20	453*	15	192.1	15
35	氟虫脲	flufenoxuron	ESI^+	489	25	158.1*	17	141.1	20

（续表）

序号	中文名称	英文名称	电离方式	母离子	去簇电压（V）	子离子1	碰撞能量（V）	子离子2	碰撞能量（V）
36	多杀菌素	spinosad	ESI^+	746.5	60	142.2*	33	98.2	35
37	霜霉威	propamocarb	ESI^+	189.1	25	102*	20	144	20
38	抗蚜威	pirimicarb	ESI^+	239.1	26	71.9*	23	181.9	19
39	异丙威	isoprocarb	ESI^+	194	35	94.9*	20	136.9	10
40	蝇毒磷	coumaphos	ESI^+	363.3	20	227*	25	307.0	20
41	噻菌灵	thiabendazole	ESI^+	202.1	35	175.1*	23	131.1	25
42	腈菌唑	myclobutanil	ESI^+	289.1	20	70*	15	125	18
43	抑霉唑	imazalil	ESI^+	297	20	159*	15	255	15
44	丙环唑	propiconazole	ESI^+	308.2	25	70*	20	205.1	15
45	腈苯唑	fenbuconazole	ESI^+	337.1	36	125*	30	70	30
46	杀铃脲	triflumuron	ESI^+	339	25	156.1*	16	139.1	35
47	鱼藤酮	rotenone	ESI^+	395.3	30	192.2*	34	213.2	33
48	炔螨特	propargite	ESI^+	368.1	20	175.1*	15	81	15
49	己唑醇	hexaconazole	ESI^+	314	20	70*	35	159	20
50	烯唑醇	diniconazole	ESI^+	326.1	25	70*	23	159	13
51	噻螨酮	hexythiazox	ESI^+	353	24	228.1*	26	168.1	14
52	唑螨酯	fenpyroximate	ESI^+	422.2	20	366.2*	15	214.2	15
53	虫酰肼	tebufenozide	ESI^+	353	27	133*	18	297	3
54	噻嗪酮	buprofezin	ESI^+	306.4	25	116.1*	20	201.1	20
55	莠去津	atrazine	ESI^+	216.1	30	96.1*	26	104	24
56	戊唑醇	tebuconazole	ESI^+	342.1	25	159.1*	20	205.1	15
57	噁草酸	propaquizafop	ESI^+	444.2	50	100.1*	31	299.1	30
58	噻嗯菊酯	kadethrin	ESI^+	397.1	33	171.1*	19	143.1	35
59	百克敏	pyraclostrobin	ESI^+	388	6	194.0*	19	163	29
60	吡唑解草酯	mefenpyr-diethyl	ESI^+	373	25	160.0*	45	186	50
61	甲基吡噁磷	azamethiphos	ESI^+	325	26	183.0*	21	112	51
62	氟苯嘧啶醇	nuarimol	ESI^+	315.1	50	252.1*	31	81	47
63	异丙乐灵	isopropalin	ESI^+	310.2	30	226.0*	27	208.1	31
64	十三吗啉	tridemorph	ESI^+	298.3	45	130.1*	35	98.1	40
65	另丁津	sebutylazine	ESI^+	230.1	37	174.1*	25	104	42
66	环丙津	cyprazine	ESI^+	228.2	48	186.1*	24	108.1	37
67	麦锈灵	benodanil	ESI^+	324.1	50	231.0*	30	203	47
68	野麦畏	triallate	ESI^+	304	50	143.0*	39	86	24
69	甜菜胺	desmedipham	ESI^+	301.2	27	182.1*	12	136.1	31
70	螺噁茂胺	spiroxamine	ESI^+	298.2	38	144.2*	30	100.1	45
71	磺噻隆	ethidimuron	ESI^+	265.1	50	208.1*	17	162.1	30
72	密草通	secbumeton	ESI^+	226.2	28	170.1*	25	142.1	32

（续表）

序号	中文名称	英文名称	电离方式	母离子	去簇电压（V）	子离子 1	碰撞能量（V）	子离子 2	碰撞能量（V）
73	久效威	thiofanox	ESI^+	219.3	24	57.1*	16	76.1	16
74	鼠立克	crimidine	ESI^+	172.1	37	136.2*	27	107.1	30
75	非草隆	fenuron	ESI^+	165.1	31	72.0*	31	120	24
76	棉隆	dazomet	ESI^+	163.1	27	120.0*	15	90	12
77	乙拌磷砜	disulfoton sulfone	ESI^+	307	28	97.0*	56	115	43
78	育畜磷	crufomate	ESI^+	292.1	46	236.0*	24	108.1	40
79	草不隆	neburon	ESI^+	275.1	33	88.1*	23	160.1	41
80	环嗪酮	hexazinone	ESI^+	253.2	32	171.1*	23	85.1	45
81	甲氧隆	metoxuron	ESI^+	229.1	41	72.0*	39	156.1	34
82	菜草畏	sulfallate	ESI^+	224.1	25	88.2*	30	116.1	17
83	苯嗪草酮	metamitron	ESI^+	203.1	33	175.1*	22	104	35
84	黑穗胺	fenfuram	ESI^+	202.1	38	109.0*	34	120	21
85	茵草敌	EPTC	ESI^+	190.2	20	128.1*	15	86	18
86	久效威砜	thiofanox-sulfone	ESI^+	251.1	25	57.2*	22	76.1	16
87	乙硫苯威亚砜	ethiofencarb-sulfoxide	ESI^+	242.2	28	107.1*	28	185.1	11
88	二氧威	dioxacarb	ESI^+	224.1	30	167.1*	11	123.1	22
89	丁酮砜威	butoxycarboxim	ESI^+	223.2	36	106.1*	13	63	23
90	甲菌定	dimethirimol	ESI^+	210.2	60	71.1*	50	98.1	36
91	灭害威	aminocarb	ESI^+	209.3	37	137.1*	33	152.1	19
92	克草敌	pebulate	ESI^+	204.2	36	57.2*	27	72.1	20
93	西玛通	simeton	ESI^+	198.2	20	100.1*	35	128.2	28
94	萘乙酰胺	1-naphthyl acetamide	ESI^+	186.2	40	141.1	26	169.1	14

注：* 为定量离子。

（六）结果计算

液相色谱—串联质谱测定采用标准曲线法定量，标准曲线法定量结果按以下公式计算：

$$X_i=C_i \times V/m$$

式中，X_i——试样中被测组分含量，单位为 mg/kg；

C_i——从标准工作曲线提到的试样溶液中被测组分的浓度，单位为 μg/mL；

V——试样溶液定容体积，单位为 mL；

m——样品溶液所代表试样的质量，单位为 g。

（七）精密度

本方法精密度数据是按照 GB/T 6379.1《测量方法与结果的准确度（正确度与精密度）第 1 部分：总则与定义》和 GB/T 6379.2《测量方法与结果的准确度（正确度与精密度）第 2 部分：确定标准测量方法重复性与再现性的基本方法》的规定确定的，获得重复性和再现性的值是以 95% 的可信度来计算。

第四章

产品认证标准

一、农产品质量安全认证

（一）农产品质量安全认证的意义

食品是人类繁衍与发展的根本要求，食品安全则是保护人类健康、提高人类生活质量的基础。随着经济的发展与人民生活水平的不断提高，食品安全已不再是传统意义上的数量供给，而是更侧重于食品的质量与营养。此外食品工艺技术的不断发展，使得食品产业链也相应拓宽，进而监管方式也随之改变。近些年个别食品安全事件的发生不仅暴露了食品行业所存在的问题，同时也反映了目前的监管方式的不足。

食品安全与农产品质量安全紧密相关，农产品作为种植或养殖环节过程中的直接产物，亦是食品的主要来源，农产品的质量安全可以很大程度上影响食品安全。特别是近年来，工业化、城市化的快速发展对生态环境的影响。少数不法商贩、生产者破坏交易市场，使得消费者面对鱼龙混杂的市场难以选择；违规滥用化肥、农兽药的现象仍然存在，私屠滥宰的情况也时有发生。政府作为监管的中坚力量要充分发挥有效职能的作用进行干预，因此如何保障农产品质量安全成为关键问题（王栋，2015）。

认证作为农产品监管环节的“上游”阶段，对于保障农产品质量安全、发展现代农业、绿色农业具有重要价值（王栋，2015）。对于农产品种植养殖、市场准入等监管环节也具有重要作用。对于生产者来讲，认证可以保证产品质量并提高企业知名度；对第三方机构授权并积极开展认证进行监管，可以降低相关政府部门的监管成本、提高监管效力；从整个农产品交易市场与市场经济的大背景下，认证有助于规范市场秩序、保障各方利益；当消费者在面对琳琅满目的产品无从选择时，认证所带来的公信力与权威性可以帮助消费者选购。同时也是扩大我国农产品对外贸易、提高公众环保意识、促进农业生态文明、实现可持续发展战略的重要举措。

（二）农产品质量安全认证产生的背景

农产品质量安全认证是农业现代化快速发展的标志，也是农产品交易市场的客观需要，因此与工业产品认证一样有深刻的国际背景因素与国内因素（刘斌，2015）。

1. 国际因素

工业革命不仅带来了科学技术的迅猛突破，对传统农业也有革命性的变化。机械化程度增高，农产品的产量大幅增加，农产品交易向国际化方向发展，农机器具、农业技术也随之进入新的阶段。从农业生产者的角度来讲，一方面生产者迫切希望通过某种信号传导来向消费者与交易市场证明其农产品的质量。另一方面，随着农产品数量供给极大增加，农产品交易的重心就向质量倾斜，特别针对一些欧美发达国家的特殊需求与国际市场共同呼吁，孕育了"名优特"农产品的生产；从普通消费者来看，琳琅满目的产品难以选择，也需要通过某种标识来进行引导。除此之外，国际上环保、绿色的生产理念不断深入人心，一些组织与行业协会希望农业生产者积极响应号召。在这样的背景下，农产品认证制度应运而生。如果说农业现代催生了农产品认证制度，那么对外贸易和经济因素则是将其发展壮大的动力。资本主义市场经济的发展，使农产品特别是加工制品在区域之间的市场交易与流通不断扩大，进而出现农产品检验、检疫等环节。可以说，农产品国际贸易的发展催生了农产品国际认证，反过来认证有效地保障了农产品质量与相关技术要求，从而更好地为对外贸易服务。

2. 国内因素

在我国，农产品质量安全认证与我国当前的社会发展与国情密不可分。因为作为推动经济发展的重要力量—工业化，在其发展的进程中不可避免地造成环境污染、土壤贫瘠等负面影响，但是人口的与日俱增必须要通过化肥、农兽药等技术手段来维持这种平衡。因此要实现农业的可持续发展，必须要逐步恢复生态、土壤的生长能力。

在 20 世纪末，由于疯牛病、二噁英等食品污染事件让人们对食品安全越来越关注，使得食品安全成为百姓关注的焦点、政府治理的重点。而农产品作为食品的基层，如果农产品质量安全无法保证，又如何要求食品安全？因此全社会都重视农业生产，希望得到安全、优质的农产品。从全球范围来看，我国是一个农业大国，农业现在进入新的发展阶段，农产品质量安全与国家发展战略、经济增长和农民的致富创收等密切相关。所以农产品战略意义与地位不言而喻。但是尽管我国加入世界贸易组织（WTO）已有 10 多年，WTO 各成员也已将"关税壁垒"淡化，但是国际盛行的"绿色贸易壁垒""技术贸易壁垒"等因素致使我国出口常常受阻，造成的损失严重挫伤了生产积极性。为了使我国成为真正意义上的农产品贸易强国，必须要完善农产品质量安全认证制度，从而更好地与国际质量标准对接，不仅顺应国际发展潮流，也是我国现阶段的必然需求。

（三）农产品质量安全认证理论

农产品指的是人类针对性地对动植物所具有的生长能力进行利用，进而得到人类日常生活需要的食物以及别的物质的一种经济活动的结果认证，英文名为"Certification"，其原意是出具证明文件的一种行动。根据 ISO/IEC Guide2—1983《标准化、认证与实验室认可的一般术语及其定义》为：用合格的证书或合格标志证明某一产品符合特定标准或其他技术规范的活动（席兴军 等，2004）；ISO/IEC Guide2—1986 中的定义改为：由可以充分信任的第三方证实某一经鉴定的产品或服务符合特定标准或其他技术规范的活动（刘宗德，2009）。在 2004 年 IS0/IECl 7000《符合性评定——词汇和基本原理》中，认证是

"有关产品、过程、体系或人员的第三方证明"，其中证明是指根据复核后作出的决定而出具的说明，以证实规定要求得到满足（褚小菊 等，2014）。

在中国，认证是在1988年首次提出，2001年成立国家认证认可监督管理委员会标志着我国食品行业认证步入正轨，在此期间不断完善相关法律法规，并且逐渐形成较为特色的认证体系。农产品质量安全认证是指农产品质量安全认证机构依据国家和行业的有关标准和认证规定，对区域内的农业生产环境、生产技术规程、产品质量等方面进行科学的监测和现场检查后，确认其符合相关标准，为农产品进入市场提供有效准入依据的认证行为。农产品质量安全认证体系则是指以认证机构为主体，认证培训和咨询机构为基础，其他相关体系为支撑，遵循认证认可基本规则，依据标准，按照评定程序，对农产品和农业投入品的质量及生产的质量保证体系进行合格评定的技术管理体系。

农产品认证主要的发展对象是"三品"认证，包括无公害农产品、绿色食品和有机食品认证。无公害农产品是指产地环境、生产过程、产品质量符合国家有关标准和规范的要求，经认证合格获得认证证书并允许使用无公害农产品标志的未经加工或初加工的食用农产品；绿色食品是指遵守可持续发展原则，按照特定生产方式生产，经专门机构认定，许可使用绿色食品标志，无污染的安全、优质、营养类食品；有机食品是指来自有机农业生产体系，根据有机农业生产要求和相应标准生产加工，并且通过合法的、独立的有机食品认证机构认证的农副产品及其加工品。

（四）中国农产品质量安全认证的种类

由于我国引入认证的时间较晚，发展经历过程较短，农产品质量安全认证尚处在走上成熟完善的关键时期，现行的农产品质量安全认证主要有无公害农产品认证、绿色食品认证、有机食品认证等产品认证，根据现行的法律规定我国食品安全认证都属于自愿性认证（成昕，2009）。

1. 无公害农产品认证

近年来中国各级政府愈加重视民生保障工程，把农产品质量安全作为"菜篮子工程"的重要项目，并将其纳入政府绩效考评项目，习近平总书记在担任福建省省长期间力推"菜篮子工程"，促进农产品的供应和农产品质量的提升，为改善群众生活打下坚实基础。无公害农产品在农业生产领域受到各级政府和农业生产企业的重视，无公害农产品认证要求产地环境、生产过程和产品质量符合有关标准和规范要求，必须经过认证机构材料审核、现场检查和产品检测3个环节认证。农业部和国家质检总局[①]还出台规章对无公害农产品的定义、标准和管理进行详细规定。2003年开始由农业部统一规范进行无公害农产

① 中华人民共和国国家质量监督检验检疫总局，全书简称国家质检总局；2018年，国务院机构改革，将国家质检总局的职责整合，组建中华人民共和国国家市场监督管理总局。

品认证标志管理，对通过认证的农产品允许使用全国统一的无公害农产品标志。无公害农产品种植的基本要求是生产基地必须具备良好的生态环境，要远离有工业"三废"污染的区域，空气质量优良，土壤疏松肥沃，灌溉用水水质有害物质残留符合国家规定的标准，农药、化肥、植物生长调节剂的使用符合安全使用标准。无公害农产品的加工、包装、贮存、运输等环节应当符合法律法规的要求。在农业生产行业，评选农业产业化龙头企业、达标规范示范合作社等方面，一般要求企业通过无公害农产品认证，金融机构对于获得无公害农产品认证的企业会在融资、授信、信贷等方面给予倾斜。大部分大型连锁生鲜超市在采购农产品时也会倾向于无公害农产品认证。

2. 绿色食品认证

绿色食品认证是我国自成体系的食品认证，具有中国特色，起步较晚，我国于1990年正式开始发展绿色食品。绿色食品标志是由中国绿色食品发展中心注册的证明商标，受商标法的保护，通过认证的企业及其产品被商标专用权人许可企业使用绿色食品标志。绿色食品的标准高于无公害产品，但低于有机食品。绿色食品认证分为A级和AA级，AA级绿色食品标准要高于A级。绿色食品认证适用范围包括农产品和工业制成食品，同有机食品认证一样，对认证对象的具体品种和产量有严格限制，超出品种范围和限定产量的产品不得随意使用绿色食品认证标志，否则应承担相应的法律责任。中国绿色食品发展中心及其38个分支机构负责全国绿色食品标志的使用申请的审查、颁证和颁证后的跟踪检查工作，该中心将自主开发的绿色食品认证逐渐推广到全国范围，并得到政府的重视和支持。农业部统一制定发布绿色食品认证的规范和标准，省级农业主管部门的绿色食品工作机构负责本地区绿色食品标志申请的受理、初审和颁证。县级以上农业主管部门负责依法对绿色食品及绿色食品标志进行监督管理，工商行政管理部门负责查处涉及侵犯绿色食品注册商标专用权的违法行为。中国绿色食品发展中心于1993年加入了有机农业运动国际联盟（IFOAM），为中国绿色食品加强与国际相关食品行业交流与合作奠定了良好的基础。

3. 有机食品认证

有机食品认证是标准最高、要求最严格的产品认证，有机食品一般也是同类产品价格最高的，它要求按照有机食品生产方式及标准生产，生产环境无污染，不使用农药、化肥、生长激素等化学合成物质，不使用转基因技术和原料，采用天然物质和环境无害的方式生产、加工而成。20世纪末期以来，我国作为一个传统的农业大国，在改革开放带来的巨大市场需求与宽松外贸政策创造的出口机遇的背景下，全国有机食品产业迅猛发展，伴之而生的有机食品认证在迅速发展的同时能及时与国际接轨。随经济快速发展和人民生活水平的不断提高，消费者在选购食品时会更加注重食品质量，有机食品逐渐深入人心，虽然价格比其他产品高，但是以其质量水平和认证的权威性在市场竞争中具有很大潜力。当前，有机食品的生产主要面临生态环境破坏带来的挑战，有机食品的生产对周边生态环境要求较高，一般生产企业可控制的土地资源和水源很有限，有机食品的大规模生产需要政府、企业和社会各方共同努力，在加强生态环境保护的前提下才有更大的发展空间。

（五）中国、老挝和泰国农产品认证总体发展现状

我国农产品消费仍将保持快速增长趋势。“三品”农产品成为当前和今后一个时期农产品生产消费的主导产品，是农业发展进入新阶段的战略选择，更是传统农业向现代农业转变的重要标志。根据刘学锋等（2014）《我国“三品一标”产业发展与对策研究》中统计，2012 年，全国“三品”有效使用标志产品总量 95 638 个，其中，无公害农产品 74 529 个，绿色食品产品 17 125 个，有机食品产品 2 762 个；“三品”原料产地认定检测面积总数 7 948 万 hm^2，其中，无公害产地认定面积 6 327 万 hm^2，绿色食品原料产地环境监测面积 1 600 万 hm^2，有机食品原料产地环境检测面积 21 万 hm^2。“三品”产业发展已初具规模，产品质量稳定可靠，品牌影响力显著增强，功能作用逐步呈现。

老挝农产品质量安全认证目前发展尚不健全，老挝蔬菜水果等基本很少使用农药等投入品，同时老挝农产品质量安全管理手段基本依靠相关法律法规，没有开展相应的检测监测工作，基本上为有机食品。

目前，泰国农产品质量安全限量标准基本实行国际化标准（CAC），泰国的农业研究与发展主要分为 8 个区域，包括了全国所有的省市。泰国农产品当前重点推行有机食品质量体系，并建立了良好的有机食品认证制度及相关的管理办法。泰国有机食品的认证体系相对完备、运行正常，每年泰国农业部会安排专项资金用于资助农业公司申请资质，并由该机构向公司提供种苗、栽培、肥料、农药、产品检测等原料投入及使用的技术支持，协助公司向欧盟、美国、日本等国家申请并获得有机食品认证。

二、抽样规则

本内容参考我国 NY/T 896—2015《绿色食品　产品抽样准则》、NY/T 1055—2015《绿色食品　产品检验规则》和 NY/T 5295—2015《无公害农产品　产地环境评价准则》。

（一）简　述

抽样工作是农产品质量安全监督检验工作的重要步骤，是保证认证监测结果是否具有公正性和代表性的重要环节，抽样工作的质量直接影响到监测结果的真实性和有效性。因此，只有在产品抽样过程中保证其科学性、随机性、代表性和真实性，才能合理客观地反映产品的质量。抽样应遵循以下基本原则。

（1）随机性：抽样检验的样本应按随机的原则抽取，在总体中每一个体的被抽取机会

应是均等的。

（2）代表性：所抽取的样品应能代表该批产品的总体情况。应当以从总体产品中抽取的全部份样集成大样来代表整批产品，不应以个别份样或单个产品来代表整批。

（3）可行性：在确保随机性和代表性的前提下，采用的抽样方法、抽样器具及要求的样品数量等，应符合实际、合理可行且能满足检验需要。

（4）公正性：在确保随机性和代表性的前提下，采用的抽样方法、抽样器具及要求的样品数量等，应符合实际、合理可行且能满足检验需要。

（二）抽样标准

1. 产品抽样标准

（1）NY/T 5344.1—2006《无公害食品　产品抽样规范通则》、NY/T 5344.2—2006《无公害食品　粮油》、NY/T 5344.4—2006《无公害食品　水果》、NY/T 5344.6—2006《无公害食品　畜禽产品》、NY/T 5344.7—2006《无公害食品　水产品》、NY/T 2103—2011《蔬菜抽样技术规范》、NY/T 2102—2011《无公害食品　茶叶》。

（2）NY/T 896—2015《绿色食品　产品抽样准则》。

（3）GB/T 8855—2008《新鲜水果和蔬菜　取样方法》、GB 5491—1985《粮食、油料检验取样、分样法》、GB/T 8302—2013《茶取样方法》、SC/T 3016—2004《水产品抽样方法》、GB/T 30891—2014《水产品抽样规范》。

2. 产地环境抽样标准

（1）无公害农产品的种植业产地环境符合 NY/T 396—2000《农用水源环境质量监测技术规范》、NY/T 395—2012《农田封环境质量监测技术规范》；畜禽饮用水符合 GB 5750.2—2006《生活饮用水》。

（2）绿色食品产地环境评价符合 NY/T 1054—2013《绿色食品　产地环境调查、监测与评价规范》；种植业产地环境符合 NY/T 396—2000《农用水源环境质量监测技术规范》、NY/T 395—2012《农田封环境质量监测技术规范》。

（三）抽样方法

1. 农产品抽样

● **种植产品抽样方法**

种植产品抽样方法按以下要求执行。

（1）蔬菜类产品抽样按 NY/T 2103《蔬菜抽样技术规范》的规定执行。

（2）水果类产品抽样按抽样地点分为以下两种情况。

生产基地：随机抽取同一基地、同一品种或种类、同一组批的产品。根据生产基地的地形、地势及作物的分布情况合理布局抽样点，每批内抽样点不应少于 5 点。视实际情况按对角线法、梅花点法、棋盘式法、蛇形法等方法抽取样品，每个抽样点面积不小于 1 m^2。

仓储和流通领域：随机抽取同一组批产品的贮藏库、货架或堆。散装样品视情况以分层分方向结合或只分层（上、中、下 3 层）或只分方向方式抽取；预包装产品在堆放空间的四角和中间布设采样点。

其他类种植产品根据产品的特点，参照上述蔬菜类或水果类产品的抽样方法进行。

● **畜禽产品抽样方法**

畜禽产品抽样方法根据不同抽样地点分别按以下规定执行。

（1）生产基地。分以下两种情况。

蛋用禽类饲养场：随机抽取同一养殖场、相同养殖条件、同一组批的产品。

屠宰场：随机抽取同一养殖场、相同养殖条件、同一组批的产品。从牲畜胴体的背部、腿部、臀尖 3 部位组织上分别取样，再混成一份样品。禽类应取去除内脏后的整只产品。

（2）仓储产品。随机抽取同一养殖场、相同养殖条件、同一组批的产品。

● **加工食品抽样方法**

（1）散装产品。随机抽取同一生产单位、同一组批的产品。视情况以分层分方向结合或只分层（上、中、下 3 层）或只分方向方式抽取。

（2）预包装产品。按产品分两种情况。

单品种产品：随机抽取同一生产单位、同一组批的产品。

同类多品种产品：同类多品种产品抽样只适用于产品申报检验抽样。同类多品种产品的品种数量至多为 5 个，若超过 5 个，则每 1 ～ 5 个为一组同类多品种产品。同类多品种产品在抽样和检验时应明确该产品属同类多品种产品。抽样时，选取同类多品种产品中净含量最小、最低型号规格、最低包装成本、最基本的加工工艺或最基本配方的产品为全量样品，按标准进行全项目检验，其余的产品每个各抽全量样品的 1/4 ～ 1/3，作非共同项目检验。

● **组批规则**

（1）粮油。同一产地、同一品种或种类、同一生产技术方式、同期采收的产品。

（2）水果。同一产地、同一品种或种类、同一生产技术方式、同期采收或同一成熟度的产品。

（3）茶叶。茶园：同一地域、同一时间采摘，供加工同一种类的原料。进场原料和毛茶：同一加工场地、同一时间、同一加工种类茶叶。

（4）蔬菜。生产基地：当蔬菜种植面积 <10 hm^2，每 1 ～ 3 hm^2 设为一个抽样批次，

大于 10 hm^2，每 3 ～ 5 hm^2 为一抽样批次；蔬菜大棚中抽样，每个棚为一个抽样批次。生产企业：同一生产（收获）日期的样品。批发市场：散装样，分层分方向结合或只分层或只分方向；包装样，堆垛取样时，在两侧的不同部位上中下过四角抽取。农贸市场和超市：同一摊位的同一产地、同一种类蔬菜样品。

● **数量和质量要求**

（1）数量要求。每个抽样点的抽样数量，均应满足标准 规定的最低数量要求。

既不能少，也不宜过多。由各抽样点抽取的样品数量之和，应该不少于抽样最终要求的实验室样品的数量。

（2）质量要求。剔除杂物；剔除非正常产品部分（如未成熟的、外观明显有损伤或腐烂的产品）。

2. 产地环境的抽样方法

● **抽样依据**

NY/T 1054—2013《绿色食品　产地调查、监测与评价规范》；

NY/T 5295—2015《无公害农产品　产地环境评价准则》；

NY/T 395—2012《农田土壤环境质量监测技术规范》；

HJ/T 166 —2004《土壤环境监测技术规范》；

NY/T 396—2000《农用水源环境质量监测技术规范》；

GB/T 5750.2—2006《生活饮用水标准检验方法　水样的采集与保存》。

● **布点与采样**

（1）水环境。① 布点数量：根据水资源的分布、特点与水质条件等情况，进行布点采样。对于以天然降水为灌溉水的地区，可以不采灌溉水样。对于同一水源（系），水质相对稳定、均一的，布设 1 ～ 3 个采样点；不同水源（系）的，则相应增加布点数量。对水质要求一般的作物产地，可适当减少采样点数，同一水源（系）布设 1 ～ 2 个采样点；对水质要求较高的作物产地，应适当增加采样点数。食用菌生产用水，每个水源（系）布设 1 个采样点。深海渔业养殖用水可不设采样点；近海（滩涂）渔业养殖用水布设 1 ～ 3 个采样点；淡水养殖用水，水源（系）单一的，布设 1 ～ 3 个采样点，水源（系）分散的，应适当增加采样点数。畜禽饮用水，属圈养且相对集中的，每个水源（系）布设 1 个采样点；反之，应适当增加采样点数。加工用水，每个水源布设 1 个采样点。② 采样时间与频率：种植业用水，在农作物生长过程中的主要灌期采样 1 次。水产养殖用水，在生长期采样 1 次。畜禽饮用水，可根据监测需要采集，在生产期内至少采样 1 次，人畜共饮水源的可以不采。不同季节，水质变化大的水源（系），则应根据实际情况适当增设采样次数。③ 采样方法及其他采样要求：除相应标准中另有规定的外按 NY/T 396 的规定执行。

（2）土壤环境。① 布点数量：蔬菜栽培区域，产地面积在 300 hm^2 以内，布设 3 ～ 5 个采样点；面积在 300 hm^2 以上，面积每增加 300 hm^2，增加 1 ～ 2 个采样点。如果管理措施和水平差异较大，应适当增加采样点数。水生蔬菜栽培，需采集底泥。无土栽培蔬菜，需采集培养基质（液）。大田作物、林果类产品等产地面积在 1 000 hm^2 以内，布设 3 ～ 4 个采样点；面积在 1 000 hm^2 以上，面积每增加 500 hm2，增加 1 ～ 2 个采样点。如果种植区相对分散，则应适当增加采样点数。食用菌栽培，每种基质（生产用土）采集 1 个混合样。水产养殖区，近海（滩涂）养殖区，需采集底泥，底栖贝类适当增加布点数量；深海和网箱养殖区，可不采海底泥。畜禽养殖区，可以不采土壤样品。② 采样时间：土壤样品一般应安排在作物生长期内或播种前采集。③ 采样方法及其他采样要求：按 NY/T 395 的规定执行。

（3）环境空气。① 点位设置：地势平坦区域，空气监测点设置在沿主导风走向 45° ～ 90° 夹角，各测点间距一般不超过 5 km。山沟地貌区域，空气监测点设置在沿山沟走向 45° ～ 90° 夹角。监测点应选择在远离林木、城镇建筑物及公路、铁路的开阔地带。各监测点之间的设置条件应相对一致。② 可不测空气的区域：种植业产地周围 5 km，主导风向的上风向 20 km 以内没有明显工矿企业污染源的区域。畜禽养殖区域的环境空气质量，以现状调查为主，一般不进行现场监测；当资料缺乏或不足时，确有必要监测的，参照有关规定执行。对环境质量状况良好，没有明显污染源的区域，不进行监测水产养殖区。③ 布点数量：产地布局相对集中，面积较小，无工矿污染源的区域，布设 1 ～ 3 个采样点。产地布局较为分散面积较大，无工矿污染源的区域，布设 3 ～ 4 个采样点；对有工矿污染源的区域，应适当增加采样点数。样点的设置数量可根据空气质量稳定性以及污染物的影响程度适当增减。④ 采样时间及频率：在采样时间安排上，应选择在空气污染对产品质量影响较大时期进行，一般安排在作物生长期进行。在正常天气条件下采样，每天 4 次，上下午各 2 次，连采 2 天。遇异常天气应当顺延。⑤ 采样方法及其他采样要求：按 NY/T 397 的规定执行。

（四）样品封存包装容器要求

基本要求：根据样品性状不同，选择合适的包装容器密封性能好，并干燥、洁净无污染，具有一定的抗挤压或碰撞能力。

特殊要求：按相关标准的相应具体规定，如检测微生物的样品包装容器的特殊要求。

（五）抽样记录基本要求

抽样人员应当按规定使用具有固定格式的抽样单，现场详细准确填写抽样信息。抽样单填写应字迹工整、清楚，容易辨认，且不得随意涂改。确需修改时，更改处应有双方的确认签字。抽样单填写应完整，对无内容可填的空格处一律填入"/"或"—"。抽样单必须由抽样人员和被抽样单位有关人员签字确认，并加盖双方公章。如遇特殊情况，被抽样单位无法盖章时，亦可仅签字，但需在抽样单上相应备注。抽样单应至少一式四份，一份留抽样单位，一份交被抽单位，一份随同样品交承检单位，一份交任务下达部门。

抽样单填写要完整，修改要规范，抽样单是重要的原始记录，填写要完整（不留空项），字迹要清晰可辨，修改要规范（不能涂改），抽样单双方要确认，签章要齐全，双方均应签字，且抽样方应至少2人签字。从法律效力上看，应加盖单位公章。

（六）抽样后样品移交

抽样完成后，抽样人员应按抽样方案的时间要求，及时将样品送达检测机构。对于蔬菜和水果等新鲜样品，应尽快将样品置于低温条件下保存，并于24 h内送达检测机构；否则应将样品冷冻保存，直至送达检测机构。实验室样品的贮存和运输过程，应有措施保证样品完整、不发生性质变化，避免被污染。

三、农产品认证主要验证标准及分析方法

本部分内容参考我国GB 5009.11—2014《食品安全国家标准　食品中总砷及无机砷的测定》、GB 5009.12—2017《食品安全国家标准　食品中铅的测定》、GB 5009.15—2014《食品安全国家标准　食品中镉的测定》、GB 5009.17—2014《食品安全国家标准　食品中总汞及有机汞的测定》、GB 5009.123—2014《食品安全国家标准　食品中铬的测定》、GB/T 12456—2008《食品中总酸的测定》，以及《农产品质量安全及其检测技术》

（一）感　官

感官分析：通过人的感觉—味觉、嗅觉、视觉、触觉，对食品的质量状况作出客观的评价。主要包括：视觉检测—观看产品的外观形态和颜色特征、嗅觉检验、味觉检验、触觉检验，具体体现为外观、病虫害、气味或滋味、成熟度、产品大小等。其特点为：① 简单易行；② 灵敏度高，直观准确；③ 可以克服化学分析和仪器分析方法的不足。

（二）理化指标

1. 可食率

取样果200～500 g（单果重≥400 g的果实可酌情取2～5个），称量全果质量，并将果皮、果肉和种子分开，称量果皮加种子的质量。按下式计算可食部分百分数。

$$X(\%)=\frac{m_1-m_2}{m_1}\times 100$$

式中，X——样品可食率，单位为百分率（%）；

m_1——全果质量，单位为克（g）；

m_2——果皮＋种子质量，单位为克（g）。

2. 可溶性固形物

按 GB/T 13867—1992《鲜枇杷果》中 7.4 可溶性固形物的检测规定执行。对于果汁较少的果实（如香蕉、菠萝蜜），可把果实可食部分切碎，混匀，称取 20 ～ 50 g 准确至 0.01 g，放入称量过的烧杯，加入 100 ～ 150 mL 蒸馏水稀释，用玻璃棒搅拌，并缓和煮沸 2 ～ 3 min，取下烧杯，待冷却至室温，再次称量，精确至 0.01 g，然后通过滤纸或布氏漏斗过滤滤液用折射仪测定。读取标尺上的百分数同时记录温度。平行测定 2 ～ 3 次取其平均值。测定温度不在 20℃时，参照 GB 8210—1987《出口柑橘鲜果检验方法》中附录 A 将检测读数校正为 20℃标准温度下的可溶性固形物含量。未经稀释的试样温度校正后的读数即为试样的可溶性固形物含量。稀释过的试样可溶性固形物的含量按下式计算：

$$P=P_0\times\frac{m_1}{m_0}$$

式中，P——可溶性固形物含量，单位为百分率（%）；

P_0——测定液可溶性固形物含量，单位为百分率（%）；

m_0——稀释前试样质量，单位为克（g）；

m_1——稀释后试样质量，单位为克（g）。

3. 可滴定酸的测定

（1）原理：根据酸碱中和原理，用碱液滴定试液中的酸，以酚酞为指示剂确定滴定终点。按碱液的消耗量计算食品中的总酸含量。

（2）试剂和溶液：分析用水应符合 GB/T 6682《分析实验室用水规格和试验方法》规定的二级水规格或蒸馏水，使用前应经煮沸、冷却、0.1 mol/L 氢氧化钠标准滴定溶液、1% 酚酞溶液。

（3）仪器和设备：组织捣碎机、水浴锅、研钵、冷凝管。

（4）试样的制备：对于液体样品，至少取 200 g 样品于 500 mL 烧杯中，置于电炉上，边搅拌边加热至微沸腾，保持 2 min，称量，用煮沸过的水补充至煮沸前的质量，置于密闭玻璃容器内。对于固体样品，取有代表性的样品至少 200 g，置于研钵或组织捣碎机中，放入与样品等量的煮沸过的水，用研钵研碎，或用组织捣碎机捣碎，混匀后置于密闭玻璃容器内。

（5）试液的制备：总酸含量小于或等于 4g/kg 的试液，将试样用快速滤纸过滤，收集滤液，用于测定。总酸含量大于 4g/kg 的试样，称取 10 ～ 50 g 精确至 0.001 g，置于 100 mL 烧杯中。用约 80 ℃煮沸过的水将烧杯中的内容物转移到 250 mL 量瓶中，置于沸水浴中煮 30 min，取出，冷却至室温约 20℃，快速滤纸过滤，收集滤液用于测定。

（6）分析步骤：称取 25 ～ 50 g 样品置于 250 mL 三角瓶中加 40 ～ 60 mL 水及 0.2 mL 的 1% 酚酞指示剂，用 0.1 mol/mL 氢氧化钠标准滴定至微红色 30 s 不褪色，记录消耗 0.1 mol/mL 氢氧化钠标准滴定溶液的体积的数值（V_1）。同一被测样品应测定两次。用水代替试液，按以上步骤操作做空白试验，记录消耗 0.1 mol/mL 氢氧化钠标准滴定溶液的体积的数值（V_2）。

（7）结果计算：食品中总酸的含量以质量分数 X 计，数值以克每千克表示，按下式计算：

$$X = \frac{c \times (V_1 - V_2) \times K \times F}{m} \times 1000$$

式中，c——氢氧化钠标准滴定溶液浓度的准确的数值，单位为摩尔每升（mol/L）。

V_1——滴定试液时消耗氢氧化钠标准滴定溶液的体积的数值，单位为毫升（mL）。

V_2——空白试验时消耗氢氧化钠标准滴定溶液的体积的数值，单位为毫升（mL）。

K——酸的换算系数：苹果酸，0.067；乙酸，0.060；酒石酸，0.075；柠檬酸，0.064；柠檬酸，0.070；乳酸，0.090；盐酸、0.036；磷酸，0.049。

F——试液的稀释倍数。

m——试样的质量的数值，单位为克（g）；计算结果表示到小数点后两位。

（三）污染物测定方法

1. 砷的测定方法——氢化物原子荧光光度法

原理：试样处理后，加入硫脲使五价砷预还原为三价砷，再加入硼氢化钠或硼氢化钾使三价砷还原生成砷化氢，由氩气载入石英原子化器中，样品中的砷在特制砷空心阴极灯的发射光激发下产生原子荧光，其荧光强度在一定条件下与被测液中的砷浓度成正比，与标准系列比较定量。

试剂：氢氧化钠溶液、硼氢化钠、硫脲溶液、硫酸溶液、氢氧化钠溶液、砷标准储备液、硝酸、硫酸、高氯酸、六水硝酸镁、氯化镁、盐酸。

仪器：原子荧光光度计。

分析步骤按以下三步进行。

（1）试样消解。粮食等含水量少的固体样品粉碎后过 40 目筛；蔬菜、水果等含水量多的样品打成匀浆；水产品及肉类捣碎，混合均匀。

湿消解：固体试样称样 1 ～ 2.5 g，液体试样称样 5 ～ 10 g（或 mL）（精确至小数点后第二位），置入 50 ～ 100 mL 锥形瓶中，加硝酸 20 ～ 40 mL、硫酸 1.25 mL，播匀后放置过夜，次日置于电热板上加热消解。若分解不完全或色泽变深，取下放冷，补加硝酸 5 ～ 10 mL，再消解，如此反复两三次，注意避免炭化。若仍不能消解完全，则加入高氯酸 1 ～ 2 mL，继续加热至消解完全后，再持续蒸发至高氯酸的白烟散尽，硫酸的白烟开始冒出。冷却，加水 25 mL，再蒸发至冒硫酸白烟。冷却，用水将消化液转入 25 mL 容量瓶中，用水少量多次冲洗锥形瓶，合并洗液至容量瓶中，加入 50 g/L 硫脲 2.5 mL，补水至刻度并混匀，备测。同时做两份试剂空白试验。

干灰化：一般应用于固体试样。称取 0.5 ～ 2.5 g 试样于 50 ～ 100 mL 坩埚中，加 150 g/L 硝酸镁 10 mL 混匀，小心蒸干，将氧化镁 1g 仔细覆盖在干渣上，于电炉上炭化至无黑烟，移入 550℃高温炉灰化 4 h。取出放冷，小心加入（11）盐酸 10 mL 以中和氧化镁并溶解灰分，转人 25 mL 容量瓶中，向容量瓶中加入 50 g/L 硫脲 2.5 mL，另用硫酸（1∶9）分次涮洗坩埚后转出合并，直至 25 mL 刻度，混匀备测。同时做试剂空白试验。

（2）测定。仪器参考条件：光电倍增管电压为 400 V。砷空心阴极灯电流为 35 mA。原子化器：温度 820 ～ 850℃，高度 7 mm。氩气流速为载气 600 mL/min。读数方式为峰面积；读数延迟时间为 1 s；读数时间为 15 s；硼氢化钠溶液加入时间为 5 s；标液或样液加入体积为 2 mL。根据不同的仪器设计好的最佳工作条件，逐步将炉温升至所需温度，稳定 10 ～ 20 min 后开始测量，连续用标准系列的零管进样，待读数稳定之后，转入标准系列的测量，绘制标准曲线，然后转入试样测量，分别测定试样空白和试样消化液，根据回归方程求出试剂空白液和试样被测液的砷浓度，计算试样中的砷含量。

（3）结果计算。如果采用荧光强度测量方式，则需先对标准系列的结果进行回归运算（由于测量时“0”管强制为 0，故零点值应该输入以占据一个点位），然后根据回归方程求出试剂空白液和试样被测液的砷浓度，按下式计算试样中的砷含量。

$$X=\frac{(C_1-C_0)}{m}\times\frac{25}{1\,000}$$

式中，X——试样的砷含量，mg/kg 或 mg/L；

C_1——根据回归方程所得试样被测液的浓度，ng/mL；

C_0——根据回归方程所得试剂空白液的浓度，ng/mL；

m——试样的质量或体积，g 或 mL。

计算结果保留两位有效数字。

2. 汞的测定方法——原子荧光光谱分析法

原理：试样消解后，在酸性介质中，试样中汞被硼氢化钾（KBH4）还原成原子态汞，由氩氩气气带入原子化器中，在特制汞空心阴极灯照射下，基态汞原子被激发至高能态，在去活化回到基态时，发射出特征波长的荧光，其荧光强度与汞含量成正比，与标准系列比较定量测定。

试剂：硝酸、30% 过氧化氢、硝酸溶液（1∶9）、氢氧化钾溶液（5 g/L）、硼氢化钾溶液（5 g/L）、汞标准储备溶液。

仪器：双道原子荧光光度计、高压消解罐、微波消解炉。

分析步骤按以下三步进行。

（1）试样处理。粮食及豆类等干样经粉碎后过 40 目筛；蔬菜、水果等含水量高的样品打成匀浆；肉类及水产品捣碎混匀。

高压消解法：根据样品中汞的含量和样品的含水量称取不同质量的样品，一般含水量低的样品称取 0.5 ～ 1.0 g；含水量高的样品称取 1 ～ 5 g。将样品置于聚四氟乙烯塑料内罐中，在 80 ℃干燥箱中烘至近干，然后在聚四氟乙烯内罐中加 5 mL 硝酸，混匀后放置过夜，次日再加 7 mL 过氧化氢，盖上内盖放入不锈钢外套中，旋紧密封。然后将消解罐放入烘箱中加热，升温至 120 ℃后保持恒温 2 ～ 3 h，至消解完全，自然冷却至室温。将消解液用硝酸溶液（1∶9）全部转移至 25 mL 容量瓶，并用硝酸溶液（1∶9）定容，播匀。同时做试剂空白试验。待测。

微波消解法：称取 0.10 ～ 1.00 g 试样于消解罐中加入 1 ～ 5 mL 硝酸、1 ～ 2 mL 过氧化氢，盖好安全阀后，将消解罐放入微波炉消解系统中，根据不同的微波消解仪和不同种类的试样设置微波炉消解系统的最佳分析条件，至消解完全，冷却后用硝酸溶液（1∶9）定量转移并定容至 25 mL（低含量试样可定容至 10 mL），混匀待测。

（2）测定。仪器参考条件：光电倍增管负高压为 240 V；汞空心阴极灯电流为 30 mA；原子化器：温度 300℃，高度 8.0 mm。氩气流速，载气 500 mL/min，屏蔽气 1 000 mL/min。测量方式：标准曲线法。读数方式：峰面积。读数延迟时间：1.0 s。读数时间：10.0 s。硼氢化钾溶液加液时间：8.0 s。标液或样液加液体积：2 mL。测定根据不同的仪器参考条件设定仪器最佳条件，逐步将炉温升至所需温度后，稳定 10 ～ 20 min 后开始测量。连续用硝酸溶液（1∶9）进样，待读数稳定后，转入标准系列测量，绘制标准曲线。转入试样测量，先用硝酸溶液（1∶9）进样，使读数基本回零，再分别测定试样空白和试样消化液，每测定不同的试样前都应清洗进样器。

（3）结果计算。按下式计算。

$$X=\frac{1000(C-C_0)V}{1000\times1000m}$$

式中，X——试样中汞的含量，mg/kg 或 mg/L；

C——试样消化液中汞的含量，ng/mL；

C_0——试剂空白液中汞的含量，ng/mL；

V——试样消化液总体积，mL；

m——试样质量或体积，g 或 mL。

计算结果保留 3 位有效数字。

3. 镉的测定方法——原子吸收光度法

原理：样品处理后，注入石墨炉原子吸收分光光度计石墨炉中，原子化后吸收 228.8 mm 共振线，在一定浓度范围，其吸收值与镉含量成正比。与标准系列比较定量。

试剂：硝酸、高氯酸、混合酸硝酸高氯酸（4∶1）、硝酸（0.5 mol/L）、盐酸（1∶1）、磷酸铵溶液（20 g/L）、镉标准储备液（1 mg/mL）。

仪器：所用玻璃仪器均需以硝酸（1∶5）浸泡过夜，用水反复冲洗，最后用去离子水冲洗干净。原子吸收分光光度计（附石墨炉及镉空心阴极灯）、马福炉、瓷坩埚、可调式电热板或电炉。

分析步骤按以下三步进行。

（1）试样预处理。粮食、豆类等含水量低的样品粉碎，过 40 目筛；蔬菜、水果、鱼类、肉类及蛋类等水分含量高的鲜样打成匀浆，试样处理后储于塑料瓶中，保存备用。

干法灰化：根据样品中镉的含量称取 1 ～ 5 g 试样于瓷坩埚中，先小火在电炉上炭化至无烟，移入马福炉 500℃灰化 6 ～ 8 h 时，冷却。若个别试样灰化不彻底，则加 1mL 混合酸在可调式电炉上小火加热，反复多次直到消化完全，放冷，用硝酸（0.5 mol/L）将灰分溶解，用滴管将试样消化液洗入或过滤入 10 ～ 25 mL 容量瓶中，用蒸馏水少量多次洗涤瓷坩埚，洗液合并于容量瓶中并用去离子水定容至刻度，混匀备用。同时做试剂空白试验。

湿式消解法：称取试样 1 ～ 5 g 于三角瓶或高脚烧杯中，放数粒玻璃珠，加 10 mL 混合酸，加盖浸泡过夜，次日在三角烧杯或高脚杯上加一小漏斗放在电炉上进行消化，若变棕黑色，再加混合酸，直至冒白烟，消化好的样液呈无色透明或略带黄色，放冷后移入 10 ～ 25mL 容量瓶中，用水少量多次洗涤三角瓶或高脚烧杯，洗液合并于容量瓶中并用去离子水定容至刻度，混匀备用。同时做试剂空白试验。

（2）测定：仪器条件：根据各自仪器性能调至最佳状态。参考条件为波长 228.8 nm；狭缝 0.5 ～ 1.0 nm；灯电流 8 ～ 10 mA；干燥温度 120 ℃，20 s；灰化温度 350 ℃，15 ～ 20 s；原子化温度 1 700 ～ 2 300℃，4 ～ 5 s；背景校正为氘灯或塞曼效应。

吸取镉标准使用液 0mL、1.0 mL、2.0 mL、3.0 mL、5.0 mL、7.0 mL、10.0 mL 于 100mL 容量瓶中稀释至刻度，分别注入石墨炉，测得其吸光值并求得吸光值与浓度关系的一元线性回归方程。分别吸取样液和试剂空白液各 10 μL 注入石墨炉，测得其吸光值，代入标准系列的一元线性回归方程中求得样液中镉含量。

（3）结果计算。按下式计算。

$$X = \frac{1000(C_1 - C_2)V}{1000m}$$

式中，X——试样中镉含量，μg/kg 或 μg/L；

C_1——由回归方程求得的测定试样消化液中镉含量，ng/mL；

C_2——由回归方程求得的空白液中镉含量，ng/mL；

V——试样消化液总体积，mL；

m——试样质量或体积，g 或 mL。

计算结果保留 2 位有效数字。

4. 铬的测定方法——原子吸收光度法

原理：试样处理后，注入石墨炉原子吸收分光光度计中，原子化后，样品中的铬吸收 357.1 mm 的共振线，在一定浓度范围，其吸收值与铬含量成正比，与标准系列比较定量。

试剂：硝酸、过氧化氢、硝酸（1∶99）、硝酸（mol/L）、铬标准溶液。

仪器：所用玻璃仪器及高压消解罐的聚四氟乙烯内罐在每次使用前须用硝酸（1∶5）浸泡 24 h 以上，用自来水反复冲洗，最后用去离子水冲洗干净。原子吸收分光光度计（附石墨炉及铬空心阴极灯）、马福炉、高压消解罐、恒温电烘箱。

分析步骤按以下三步进行。

（1）试样处理和消解。试样处理：粮食、豆类等含水量低的样品去杂物后，磨碎，过 40 目筛；蔬菜、水果等洗净晾干，取可食部分打成匀浆；肉类及水产品等取可食部分捣碎、混匀。

试样消解：① 干式消解法。根据样品含水量称取 0.5 ～ 1.0 g 试样于瓷坩埚中，加入 1 ～ 2 mL 优级纯硝酸，浸泡 1 h 以上，将坩埚置于电炉上，小心蒸干，炭化至不冒烟为止，移入马福炉中 550℃恒温 2 h，取出，如消解不完全则冷却后加数滴浓硝酸，小心蒸干后，再转入 550℃马福炉中，继续灰化 1 ～ 2 h，到试样呈白灰状，从马福炉中取出放冷后，用硝酸（1∶99）溶解移入 10 mL 容量瓶中，用少量硝酸（1∶99）分数次洗涤坩埚，合并洗液至容量瓶中，用硝酸（1∶9）定容、混匀，即为试样液，同时做试剂空白试验。② 高压消解罐消解法。称取试样 0.3 ～ 0.5 g，于聚四氟乙烯内罐的高压消解罐中，水分含量高的试样应先置于 80℃鼓风箱中烘至近干，加入 1.0 mL 硝酸，4.0 mL 过氧化氢，轻轻播匀，盖紧消解罐的上盖，放入恒温箱中，从温度升高至 140℃时开始计时保持恒温 1 h，取出消解罐待自然冷却后打开上盖，将消解液移入 10 mL 容量瓶中，用水分数次冲洗消解罐，合并洗液于容量瓶中，用水稀释至刻度、混匀，即为试样液。同时做试剂空白试验。

（2）测定。仪器参考条件：根据各自仪器性能调至最佳状态。参考条件为波长 357.9 m，干燥温度 110℃，40 s；灰化温度 1 000℃，30 s；原子化温度 2 800℃，5 s；

背景校正为氘灯或塞曼效应。

测定标准曲线的制备：吸取铬标准使用液（100 ng/mL）0 mL、0.10 mL、0.30 mL、0.50 mL、0.70 mL、1.0 mL、1.5 mL 于 10 mL 容量瓶中，用 1.0 mol/L 硝酸稀释至刻度，混匀。以铬含量和相对应的吸光值绘制标准曲线或计算回归方程。根据不同仪器性能和仪器参考条件，将原子吸收分光光度计调试到最佳状态，将与试样含量相当的标准系列及试样液进行测定，进样量为 20L，对有干扰的试样应注入与试样同量的磷酸铵溶液（20 g/L）（标准系列亦然）。

（3）结果计算。按下式计算。

$$X=\frac{1\,000(C_1-C_0)V}{1\,000m}$$

式中，X——试样中铬的含量，μg/kg 或 μg/L；

C_1——由回归方程求得的试样溶液中铬的含量，ng/mL；

C_0——由回归方程求得的试剂空白液中铬的含量，ng/mL；

V——试样消化液定容体积，mL；

m——试样质量或体积，g 或 mL。

5. 铅的测定方法——原子吸收光度法

原理：试样处理后，注入原子吸收分光光度计石墨炉中，原子化后吸收 28.3nm 共振线，在一定浓度范围，其吸收值与铅含量成正比，与标准系列比较定量。

试剂：硝酸、过氧化氢（30%）、高氯酸、硝酸（1∶1）、硝酸（0.5 mol/L）、硝酸（1 mol/L）、磷酸铵溶液（20 g/L）、混合酸硝酸高氯酸（4∶1）、铅标准溶液。

仪器：所用玻璃仪器均需以硝酸（1∶5）浸泡过液，用水反复冲洗，最后用去离子水冲洗干净。原子吸收分光光度计（附石墨炉及铅空心阴极灯）、马福炉、瓷坩埚、可调式电热板、可调式电炉。

分析步骤按以下四步进行。

（1）试样预处理。固体干样经磨碎后，过 40 目筛，储于塑料瓶中；蔬菜、水果、鱼类肉类及蛋类等水分含量高的鲜样，打成匀浆，储于塑料瓶中，保存备用。

（2）试样消解。① 干法灰化：称取 1 ～ 5 g（根据铅含量而定）试样于瓷坩埚中，先小火在可调式电热板上炭化至无烟，移入马福炉 500℃灰化 6 ～ 8 h 时，冷却。若个别试样灰化不彻底，则加 1 mL 混合酸在可调式电炉上小火加热，反复多次直到消化完全，放冷，用硝酸（0.5 mol/L）将灰分溶解，用滴管将试样消化液洗入或过滤入（视消化后试样的盐分而定）10 ～ 25 mL 容量瓶中，用水少量多次洗涤瓷坩埚，洗液合并于容量瓶中并定容至刻度，混匀备用。同时做试剂空白试验。② 湿式消解法：称取试样 1 ～ 5 g 于锥形瓶或高脚烧杯中，放数粒玻璃珠，加 10 mL 混合酸，加盖浸泡过夜，加一小漏斗在电炉上消解，若变棕黑色，再加混合酸，直至冒白烟，消化液呈无色透明或略带黄色，放冷后用滴管将试样消化液洗入或过滤入 10 ～ 25 mL 容量瓶中，用水少量多次洗涤锥形瓶或高脚烧杯，洗液合并于容量瓶中并定容至刻度，混匀备用。同时做试剂空白试验。

（3）测定。① 仪器条件参考条件：波长 283.3 mm；狭缝 0.2 ～ 1.0 nm；灯电流 5 ～ 7 mA；干燥温度 120 ℃，20s；灰化温度 450℃，持续 15 ～ 20s；原子化度 1 700 ～ 2 300℃，持续 4 ～ 5 s；背景校正为氘灯或塞曼效应 b，标准曲线绘制吸取铅标准使用液 10.0 ng/mL、20.0 ng/mL、40.0 ng/mL、60.0 ng/mL、80.0 ng/mL（或 μg/L）各 10 μL，注入石墨炉，测得其吸光值并求得吸光值与浓度关系的一元线性回归方程。试样测定分别吸取样液和试剂空白液各 10 L，注入石墨炉，测得其吸光值，代入标准系列的一元线性回归方程中求得样液中铅含量。② 基体改进剂的使用：对有干扰试样，则注入适量的基体改进剂磷酸二氢铵溶液（20 g/L），一般为 5 L 或与试样同量消除干扰。绘制铅标准曲线时也要加入与试样测定时等量的基体改进剂磷酸二氢铵溶液。

（4）结果计算。按下式计算。

$$X = \frac{1000(C_1 - C_0)V}{1000m}$$

式中，X——试样中铅含量，μg/kg 或 μg/L；

C_1——测定样液中铅含量，ng/mL；

C_0——空白液中铅含量，ng/mL；

V——试样消化液定量总体积，mL；

m——试样质量或体积，g 或 mL。

计算结果保留两位有效数字。

6. 植物性食品中有机磷和氨基甲酸酯类农药多种残留的测定

原理：试样中有机磷和氨基甲酸酯农药用有机溶剂提取，再经液液分配、微型柱净化等步骤除去干扰物质，用氮磷检测器（NPD）检测，根据色谱峰的保留时间定性，外标法定量。

试剂：丙酮、二氯甲烷、乙酸乙酯、甲醇、正己烷、磷酸、氯化钠、无水硫酸钠、氯化铵、硅胶、助滤剂、凝结液。

农药标准溶液的配制：分别准确称取标准品，用丙酮为溶剂，分别配制成 1 mg/mL 标准储备液，储于 4℃冰箱中，用于配制农药标准溶液。

仪器：组织捣碎机、离心机、超声波清洗器、旋转蒸发仪、气相色谱仪［附氮磷检测器（NPD）］。

分析步骤按以下四步进行。

（1）提取。① 蔬菜：称取 5 g 试样（视试样品中农药残留量而定），置于 50 mL 离心管中，加入 5 mL 水和 10 mL 丙酮。置于超声波清洗器中，超声提取 10 min。在 5 000 r/

min 转速下离心 10 min 使蔬菜沉降，用移液管吸出上清液 10 mL 至分液漏斗中。② 粮食：称取 20 g 试样于三角瓶中，加入 5 g 无水硫酸钠和 100 mL 丙酮。振荡提取 30 min，过滤后取 50 mL 滤液于分液漏斗中。

（2）净化。向分液漏斗中分别加入 20 mL 凝结液和 g 助滤剂硅藻土 545，轻摇后放置 5 min，经具两层滤纸的布氏漏斗抽滤，并用少量凝结液洗涤分液漏斗和布氏漏斗。将滤液转移至分液漏斗中，加入 3 g 氯化钠，依次用 50 mL、50 mL、30 mL 二氯甲烷提取，合并次二氯甲烷提取液，经无水硫酸钠漏斗过滤至浓缩瓶中，在 35 ℃水浴的旋转蒸发仪上浓缩至少量，用氮气吹干。取下浓缩瓶，加入少量正已烷。以少许棉花塞住 5 mL 医用注射器出口，将 1 g 硅胶以正己烷湿法装柱，敲实，将浓缩瓶中液体倒入，再以少量正己烷一二氯烷（9∶1）洗涤浓缩瓶，倒入柱中。依次以 4 mL 正已烷丙酮（7∶3）、4 mL 乙酸乙酯、8 mL 丙酮乙酸乙酯（1∶1）、4 mL 丙酮甲醇（1∶1）洗柱，汇集全部滤液经旋转蒸发仪 45 ℃水浴浓缩近干，定容至 l mL 向提取粮食样品的分液漏斗中加入 50 mL 5% 氯化钠溶液，再以 50 mL、50 mL、30 mL 二氯甲烷提取三次，合并三次二氯甲烷层并经无水硫酸钠漏斗过滤后，在旋转蒸发仪 40 ℃水浴上浓缩近干，定容至 1 mL。

（3）测定。气相色谱参考条件：① 色谱柱：BP—5 或 OV—10 125 m × 0.32 mm（内径）石英弹性毛细管柱。② 气体流速：氮气 130 mL/min，尾吹气（氮气）30 mL/min，氢气 4 mL/min，空气 90 mL/min。③ 温度柱温采用程序升温方式：140 ℃开始以 50 ℃ /min 升至 185 ℃保持 2 min，以 2 ℃ /min 升至 195 ℃，以 10 ℃ /min 升至 235 保持 1 min。进样口温度 240 ℃。④ 色谱分析：量取 1 L 混合标准溶液及试样液注人色谱仪中，以保留时间定性，以试样峰高或峰面积与标准比较定量。

（4）结果计算。按下式计算。

$$X = \frac{1000 h_i E_{si}}{h_{si} m f}$$

式中，X——i 组分有机磷农药的含量，mg/kg；

h_i——试样中 i 组分的峰高或峰面积；

h_{si}——标样中 i 组分的峰高或峰面积；

E_{si}——标样中 i 组分的浓度 × 进样量，ng；m 为试样称样量，g；

f——换算系数，粮食为 1/2，蔬菜为 2/3。

7. 植物性食品中有机氯和拟除虫菊类农药多种残留的测定

原理：试样中有机氯和拟除虫菊酯农药用有机溶剂提取，经液液分配及层析净化除去干扰物质，用电子捕获检测器检测，根据色谱峰的保留时间定性，外标法定量。

试剂：石油醚、苯、丙酮、乙酸乙酯、无水硫酸钠、弗罗里硅土。

标准溶液的配制：分别准确称取标准品，用苯溶解并配成 1 mg/mL 的储备液，用于配制农药标准溶液。

仪器：气相色谱仪［附电子捕获检测器（ECD）］、电动振荡器、组织捣碎机、旋转蒸发仪、层析柱。

试样制备：取粮食试样经粮食粉碎机粉碎，过20目筛制成粮食试样。取蔬菜试样擦净，去掉非可食部分后备用。

分析步骤按以下四步进行。

（1）提取。① 粮食试样：称取10 g粮食试样，置于100 mL具塞三角瓶中，加入20 mL石油醚，于振荡器上振播0.5 h。静置后将石油醚层取出，作为提取液备用。② 蔬菜试样：称取20 g蔬菜试样，置于组织捣碎杯中，加入30 mL石油醚，于捣碎机上捣碎2 min，捣碎液经抽滤，滤液移入250 mL分液漏斗中加入100 mL 20 g/L硫酸钠水溶液，充分摇匀，静置分层，将下层溶液转移到另一个250 mL分液漏斗中，分别用20 mL石油醚萃取，合并三次萃取的石油醚层，过无水硫酸钠层，滤液于旋转蒸发仪上于40℃水浴浓缩至10 mL，待测。

（2）净化。① 层析柱的制备：玻璃层析柱中先加入1 cm高无水硫酸钠，再加入5 g 5%水脱活的弗罗里硅土，最后加入1cm高无水硫酸钠，轻轻敲实，用20 mL石油醚淋洗净化柱，弃去淋洗液，柱面要留有少量液体。② 净化与浓缩：准确吸取试样提取液2 mL，加入已淋洗过的净化柱中，用100 mL石油醚乙酸乙酯（95∶5）洗脱，收集洗脱液于蒸馏瓶中，于旋转蒸发仪上40℃水浴浓缩近干用少量石油醚少量多次溶解残渣于刻度离心管中，最终定容至1.0 mL，供气相色谱分析。

（3）测定。气相色谱参考条件：①色谱柱：石英弹性毛细管柱，0.25 mm（内径）×15 m，内涂有OV—101固定液。②气体充速：氮气40 mL/min，尾吹气60 mL/min，分流比1∶50。③温度：柱温自180 ℃升至230 ℃，保持30 min；检测器、进样口温度250℃。④ 色谱分析：吸收1 μL试样液注入气相色谱仪，记录色谱峰的保留时间和峰高。再吸取1 μL混合标准溶液进样，记录色谱峰的保留时间和峰高。根据组分在色谱上的出峰时间与标准组分比较定性，用外标法与标准组分比较定量。

（4）结果计算。按下式进行计算。

$$X=\frac{h_i V_2 E_{si} k}{h_{si} m V_1}$$

式中，X——试样中i组分农药的含量，mg/kg；

h_i——试样中i组分的峰高；

h_{si}——混合标准液中i组分的峰高；

V_1——试样进样体积，μL；

V_2——最后定容的体积，mL；

E_{si}——注入色谱仪中的 i 标准组分的含量，ng；

K——稀释倍数；

m——试样的质量，g。

四、标签、包装和贮运

本部分内容参考我国 GB 7718—2011《食品安全国家标准　预包装食品标签通则》、NY/T 658—2015《绿色食品　包装通用准则》、NY/T 1056—2006《绿色食品　贮藏运输准则》。

（一）定　义

1. 预包装食品

预先定量包装或者制作在包装材料和容器中的食品，包括预先定量包装以及预先定量制作在包装材料和容器中并且在一定量限范围内具有统一的质量或体积标识的食品。

2. 食品标签

食品包装上的文字、图形、符号及一切说明物。

3. 配　料

在制造或加工食品时使用的，并存在于产品中的任何物质，包括食品添加剂。

4. 生产日期

食品成为最终产品的日期，也包括包装或灌装日期，即将食品装入（灌入）包装物或容器中，形成最终销售单元的日期。

5. 保质期

预包装食品在标签指明的贮存条件下，保持品质的期限。在此期限内，产品完全适于销售，并保持标签中不必说明或已经说明的特有品质。

6. 规　格

同一预包装内含有多件预包装食品时，对净含量和内含件数关系的表述。

7. 主要展示版面

预包装食品包装物或包装容器上容易被观察到的版面。

8. 绿色食品包装

包裹盛装绿色食品的各种包装材料、容器及其辅助物的总称。

（二）要　求

1. 标签要求

（1）应符合法律、法规的规定，并符合相应食品安全标准的规定。

（2）应清晰、醒目、持久，使消费者购买时易于辨认和识读。

（3）应通俗易懂、有科学依据，不得标示封建迷信、色情、贬低其他食品或违背营养科学常识的内容。

（4）应真实、准确，不得以虚假、夸大、使消费者误解或欺骗性的文字、图形等方式介绍食品，也不得利用字号大小或色差误导消费者。

（5）不应直接或以暗示性的语言、图形、符号，误导消费者将购买的食品或食品的某一性质与另一产品混淆。

（6）不应标注或者暗示具有预防、治疗疾病作用的内容，非保健食品不得明示或者暗示具有保健作用。

（7）不应与食品或者其包装物（容器）分离。

（8）应使用规范的汉字（商标除外）。具有装饰作用的各种艺术字，应书写正确，易于辨认。可以同时使用拼音或少数民族文字，拼音不得大于相应汉字。可以同时使用外文，但应与中文有对应关系（商标、进口食品的制造者和地址、国外经销者的名称和地址、网址除外）。所有外文不得大于相应的汉字（商标除外）。

（9）预包装食品包装物或包装容器最大表面面积大于 35 cm^2 时，强制标示内容的文字、符号、数字的高度不得小于 1.8 mm。

（10）一个销售单元的包装中含有不同品种、多个独立包装可单独销售的食品，每件独立包装的食品标识应当分别标注。

（11）若外包装易于开启识别或透过外包装物能清晰地识别内包装物（容器）上的所有强制标示内容或部分强制标示内容，可不在外包装物上重复标示相应的内容；否则应在外包装物上按要求标示所有强制标示内容。

2. 包装要求

（1）基本要求。① 应根据不同绿色食品的类型、性质形态和质量特性等，选用符合本标准规定的包装材料并使用合理的包装形式来保证绿色食品的品质。同时利于绿色食品的运输、贮存，并保障物流过程中绿色食品的质量安全。② 需要进行密闭包装的应包装严密，无渗漏；要求商业无菌的罐头食品，空罐应达到减压或加压试漏检验要求，实罐卷边封口质量和焊缝质量完好，无泄漏。③ 包装的使用应实行减量化包装的体积和重量应限制在最低水平，包装的设计、材料的选用及用量应符合 GB 23350《限制商品过度包装要求　食品和化妆品》的规定。④ 宜使用可重复使用可回收利用或生物降解的环保包装材料、容器及其辅助物，包装废弃物的处理应符合 GB/T 16716.1《包装与包装废弃物　第 1 部分：处理和利用通则》的规定。

（2）安全卫生要求。① 绿色食品的包装应符合相应的食品安全国家标准和包装材料卫生标准的规定。② 不应使用含有邻苯二甲酸酯、丙烯腈和双酚 A 类物质的包装材料。

③绿色食品的包装上印刷的油墨或贴标签的黏合剂不应对人体和环境造成危害，且不应直接接触绿色食品。④ 纸类包装应符合以下要求：直接接触绿色食品的纸包装材料或容器不应添加增白剂，其他指标应符合 GB 11680《食品包装用原纸卫生标准》的规定；直接接触绿色食品的纸包装材料不应使用废旧回收纸材；直接接触绿色食品的纸包装容器内表面不应有印刷，不应涂非食品级蜡、胶、油、漆等。⑤ 塑料类包装应符合以下要求：直接接触绿色食品的塑料包装材料和制品不应使用回收再用料；直接接触绿色食品的塑料包装材料和制品应使用无色的材料；酒精度含量超过 20% 的酒类不应使用塑料类包装容器；不应使用聚氯乙烯塑料。⑥ 金属类包装不应使用对人体和环境造成危害的密封材料和内涂料。⑦ 玻璃类包装的卫生性能应符合 GB 19778《包装玻璃容器　铅、镉、砷、锑溶出允许量》的规定。⑧ 陶瓷包装应符合以下要求：卫生性能应符合 GB 14147《陶瓷包装容器　铅、镉溶出量允许极限》的规定；醋类、果汁类的酸性食品不宜使用陶瓷类包装。

（3）生产要求。包装材料、容器及其辅助物的生产过程控制应符合 GB/T 23887《食品包装容器及材料生产企业良好操作规范》的规定。

（4）环保要求。① 绿色食品包装中 4 种重金属（铅、镉、汞、六价铬）和其他危险性物质含量应符合 GB/T 16716.1 的规定。相应产品标准有规定的，应符合其规定。② 在保护内装物完好无损的前提下，宜采用单一材质的材料、易分开的复合材料、方便回收或可生物降解材料。③ 不应使用含氟氯烃（CFS 的发泡聚苯乙烯（EPS）、聚氨酯（PUR）等产品作为包装物。

（5）标志与标签要求。① 绿色食品包装上应印有绿色食品商标标志，其印刷图案与文字内容应符合《中国绿色食品商标标志设计使用规范手册》的规定。② 绿色食品标签应符合国家法律法规及相关标准等对标签的规定。③ 绿色食品包装上应有包装回收标志，包装回收标志应符合 GB/T 18455《包装回收标志》的规定。

（6）标识和包装要求。① 标识：包装制品出厂时应提供充分的产品信息包括标签、说明书等标识内容和产品合格证明等。外包装应有明显的标识，直接接触绿色食品的包装还应注明“食品接触用”“食品包装用”或类似用语。② 包装：绿色食品包装在使用前应有良好的包装保护，以确保包装材料或容器在使用前的运输贮存等过程中不被污染。

3. 贮运要求

贮藏要求包括以下六个方面。

（1）贮藏设施的设计、建造、建筑材料。① 用于贮藏绿色食品的设施结构和质量应符合相应食品类别的贮藏设施设计规范的规定。② 对食品产生污染或潜在污染的建筑材料与物品不应使用。③ 贮藏设施应具有防虫、防鼠、防鸟的功能。

（2）贮藏设施周围环境。周围环境应清洁和卫生，并远离污染源。

（3）贮藏设施管理。① 贮藏设施的卫生要求：设施及其四周要定期打扫和消毒；

贮藏设备及使用工具在使用前均应进行清理和消毒，防止污染；优先使用物理或机械的方法进行消毒，消毒剂的使用应符合 NY/T 393 和 NY/T 472 的规定。② 出入库要求：经检验合格的绿色食品才能出入库。③ 堆放要求：按绿色食品的种类要求选择相应的贮藏设施存放，存放产品应整齐；堆放方式应保证绿色食品的质量不受影响；不应与非绿色食品混放；不应和有毒、有害、有异味、易污染物品同库存放；保证产品批次清楚，不应超期积压，并及时剔除不符合质量和卫生标准的产品。④贮藏条件：应符合相应食品的温度、湿度和通风等贮藏要求。

（4）保质处理。① 应优先采用紫外光消毒等物理与机械的方法和措施。② 在物理与机械的方法和措施不能满足需要时，允许使用药剂，但使用药剂的种类剂量和使用方法应符合 NY/T 393 和 NY/T 472 的规定。

（5）管理和工作人员。① 应设专人管理，定期检查质量和卫生情况，定期清理、消毒和通风换气，保持洁净卫生。② 工作人员应保持良好的个人卫生，且应定期进行健康检查。③ 应建立卫生管理制度，管理人员应遵守卫生操作规定。

（6）记录。建立贮藏设施管理记录程序。① 应保留所有搬运设备、贮藏设施和容器的使用登记表或核查表。② 应保留贮藏记录，认真记载进出库产品的地区、日期、种类、等级、批次、数量质量、包装情况运输方式，并保留相应的单据。

运输要求包括以下两个方面。

（1）运输工具。① 应根据绿色食品的类型、特性、运输季节、距离以及产品保质贮藏的要求选择不同的运输工具。② 运输应专车专用，不应使用装载过化肥、农药粪土及其他可能污染食品的物品而未经清污处理的运输工具运载绿色食品。③运输工具在装入绿色食品之前应清理干净，必要时进行灭菌消毒，防止害虫感染。④运输工具的铺垫物、遮盖物等应清洁、无毒、无害。

（2）运输管理。① 控温：运输过程中采取控温措施，定期检查车（船、箱）内温度以满足保持绿色食品品质所需的适宜温度；保鲜用冰应符合 SC/T 9001 的规定。② 其他：不同种类的绿色食品运输时应严格分开，性质相反和互相串味的食品不应混装在一个车厢中。不应与化肥、农药等化学物品及其他任何有害、有毒、有气味的物品一起运输；装运前应进行食品质量检查，在食品、标签与单据三者相符合的情况下才能装运；运输包装应符合 NY/T 658 的规定；运输过程中应轻装、轻卸，防止挤压和剧烈震动；运输过程应有完整的档案记录，并保留相应的单据。

（三）标示内容

1. 直接向消费者提供的预包装食品标签标示内容

● A 一般要求

直接向消费者提供的预包装食品标签标示应包括食品名称、配料表、净含量和规格、生产者和（或）经销者的名称、地址和联系方式、生产日期和保质期、贮存条件、食品生产许可证编号、产品标准代号及其他需要标示的内容。

● B 食品名称

（1）应在食品标签的醒目位置，清晰地标示反映食品真实属性的专用名称。① 当国家标准、行业标准或地方标准中已规定了某食品的一个或几个名称时，应选用其中的一个或等效的名称。② 无国家标准、行业标准或地方标准规定的名称时，应使用不使消费者误解或混淆的常用名称或通俗名称。

（2）标示“新创名称”“奇特名称”“音译名称”“牌号名称”“地区俚语名称”或“商标名称”时，应在所示名称的同一展示版面标示前文（1）规定的名称。① 当“新创名称”“奇特名称”“音译名称”“牌号名称”“地区俚语名称”或“商标名称”含有易使人误解食品属性的文字或术语（词语）时，应在所示名称的同一展示版面邻近部位使用同一字号标示食品真实属性的专用名称。② 当食品真实属性的专用名称因字号或字体颜色不同易使人误解食品属性时，也应使用同一字号及同一字体颜色标示食品真实属性的专用名称。

（3）为不使消费者误解或混淆食品的真实属性、物理状态或制作方法，可以在食品名称前或食品名称后附加相应的词或短语。如干燥的、浓缩的、复原的、熏制的、油炸的、粉末的、粒状的等。

● C 配料表

（1）预包装食品的标签上应标示配料表，配料表中的各种配料应按前文食品名称的要求标示具体名称，食品添加剂按照下文④的要求标示名称。① 配料表应以“配料”或“配料表”为引导词。当加工过程中所用的原料已改变为其他成分（如酒、酱油、食醋等发酵产品）时，可用“原料”或“原料与辅料”代替“配料”“配料表”，并按本标准相应条款的要求标示各种原料、辅料和食品添加剂。加工助剂不需要标示。② 各种配料应按制造或加工食品时加入量的递减顺序一一排列；加入量不超过 2% 的配料可以不按递减顺序排列。③ 如果某种配料是由两种或两种以上的其他配料构成的复合配料（不包括复合食品添加剂），应在配料表中标示复合配料的名称，随后将复合配料的原始配料在括号内按加入量的递减顺序标示。当某种复合配料已有国家标准、行业标准或地方标准，且其加入量小于食品总量的 25% 时，不需要标示复合配料的原始配料。④ 食品添加剂应当标示其在 GB 2760 中的食品添加剂通用名称。食品添加剂通用名称可以标示为食品添加剂的具体名称，也可标示为食品添加剂的功能类别名称并同时标示食品添加剂的具体名称或国际编码（INS 号）。当采用同时标示食品添加剂的功能类别名称和国际编码的形式时，若某种食品添加剂尚不存在相应的国际编码，或因致敏物质标示需要，可以标示其具体名称。加入量小于食品总量 25% 的复合配料中含有的食品添加剂，若符合 GB 2760 规定的带入原则且在最终产品中不起工艺作用的，不需要标示。⑤ 在食品制造或加工过程中，加入的水应在配料表中标示。在加工过程中已挥发的水或其他挥发性配料不需要标示。⑥ 可食用的包装物也应在配料表中标示原始配料，国家另有法律法规规定的除外。

（2）下列食品配料，可以选择按表 4-1 的方式标示。

表 4-1　配料标示方式

配料类别	标示方式
各种植物油或精炼植物油（不包括橄榄油）	“植物油”或“精炼植物油”；如经过氢化处理，应标示为“氢化”或“部分氢化”
各种淀粉（不包括化学改性淀粉）	“淀粉”
加入量不超过 2% 的各种香辛料或香辛料浸出物（单一的或合计的）	“香辛料”“香辛料类”或“复合香辛料”
胶基糖果的各种胶基物质制剂	“胶姆糖基础剂”“胶基”
添加量不超过 10% 的各种果脯蜜饯水果	“蜜饯”“果脯”
食用香精、香料	“食用香精”“食用香料”“食用香精香料”

● D　**配料的定量标示**

（1）如果在食品标签或食品说明书上特别强调添加了或含有一种或多种有价值、有特性的配料或成分，应标示所强调配料或成分的添加量或在成品中的含量。

（2）如果在食品的标签上特别强调一种或多种配料或成分的含量较低或无时，应标示所强调配料或成分在成品中的含量。

（3）食品名称中提及的某种配料或成分而未在标签上特别强调，不需要标示该种配料或成分的添加量或在成品中的含量。

● E　**净含量和规格**

（1）净含量的标示应由净含量、数字和法定计量单位组成。

（2）应依据法定计量单位，按以下形式标示包装物（容器）中食品的净含量：① 液态食品，用体积升（L）、毫升（mL），或用质量单位克（g）、千克（kg）；② 固态食品，用质量单位克（g）、千克（kg）；③ 半固态或黏性食品，用质量单位克（g）、千克（kg）或用体积单位升（L）、毫升（mL）。

（3）净含量的计量单位应按表 4-2 标示。

表 4-2　净含量计量单位的标示方式

计量方式	净含量（Q）的范围	计量单位
体　积	Q< 1 000 mL Q ≥ 1 000 mL	毫升（mL） 升（L）
质　量	Q < 1 000 g Q ≥ 1 000 g	克（g） 千克（kg）

（4）净含量字符的最小高度应符合表 4-3 的规定。

表 4-3　净含量字符的最小高度

净含量（Q）的范围	字符的最小高度（mm）
Q ≤ 50 mL；Q ≤ 50 g	2
50 mL<Q ≤ 200 mL；50 g<Q ≤ 200 g	3
200 mL<Q ≤ 1 L；200 g<Q ≤ 1 kg	4
Q>1 kg；Q>1 L	6

（5）净含量应与食品名称在包装物或容器的同一展示版面标示。

（6）容器中含有固、液两相物质的食品，且固相物质为主要食品配料时，除标示净含量外，还应以质量或质量分数的形式标示沥干物（固形物）的含量。

（7）同一预包装内含有多个单件预包装食品时，大包装在标示净含量的同时还应标示规格。

（8）规格的标示应由单件预包装食品净含量和件数组成，或只标示件数，可不标示“规格”二字。单件预包装食品的规格即指净含量。

● F　生产者、经销者的名称、地址和联系方式

（1）应当标注生产者的名称、地址和联系方式。生产者名称和地址应当是依法登记注册、能够承担产品安全质量责任的生产者的名称、地址。有下列情形之一的，应按下列要求予以标示。① 依法独立承担法律责任的集团公司、集团公司的子公司，应标示各自的名称和地址。② 不能依法独立承担法律责任的集团公司的分公司或集团公司的生产基地，应标示集团公司和分公司（生产基地）的名称、地址；或仅标示集团公司的名称、地址及产地，产地应当按照行政区划标注到地市级地域。③ 受其他单位委托加工预包装食品的，应标示委托单位和受委托单位的名称和地址；或仅标示委托单位的名称和地址及产地，产地应当按照行政区划标注到地市级地域。

（2）依法承担法律责任的生产者或经销者的联系方式应标示以下至少一项内容：电

话、传真、网络联系方式等，或与地址一并标示的邮政地址。

（3）进口预包装食品应标示原产国国名或地区区名（如中国香港、中国澳门、中国台湾），以及在中国依法登记注册的代理商、进口商或经销者的名称、地址和联系方式，可不标示生产者的名称、地址和联系方式。

● G 日期标示

（1）应清晰标示预包装食品的生产日期和保质期。如日期标示采用"见包装物某部位"的形式，应标示所在包装物的具体部位。日期标示不得另外加贴、补印或篡改。

（2）当同一预包装内含有多个标示了生产日期及保质期的单件预包装食品时，外包装上标示的保质期应按最早到期的单件食品的保质期计算。外包装上标示的生产日期应为最早生产的单件食品的生产日期，或外包装形成销售单元的日期；也可在外包装上分别标示各单件装食品的生产日期和保质期。

（3）应按年、月、日的顺序标示日期，如果不按此顺序标示，应注明日期标示顺序。

● H 贮存条件

预包装食品标签应标示贮存条件。

● I 食品生产许可证编号

预包装食品标签应标示食品生产许可证编号的，标示形式按照相关规定执行。

● J 产品标准代号

在国内生产并在国内销售的预包装食品（不包括进口预包装食品）应标示产品所执行的标准代号和顺序号。

● K 其他标示内容

（1）辐照食品。① 经电离辐射线或电离能量处理过的食品，应在食品名称附近标示"辐照食品"。② 经电离辐射线或电离能量处理过的任何配料，应在配料表中标明。

（2）转基因食品。转基因食品的标示应符合相关法律、法规的规定。

（3）营养标签。① 特殊膳食类食品和专供婴幼儿的主辅类食品，应当标示主要营养成分及其含量，标示方式按照 GB 13432 执行。② 其他预包装食品如需标示营养标签，标示方式参照相关法规标准执行。

（4）质量（品质）等级。食品所执行的相应产品标准已明确规定质量（品质）等级的，应标示质量（品质）等级。

2. 非直接提供给消费者的预包装食品标签标示内容

非直接提供给消费者的预包装食品标签应按照相应要求标示食品名称、规格、净含量、生产日期、保质期和贮存条件，其他内容如未在标签上标注，则应在说明书或合同中注明。

3. 标示内容的豁免

（1）下列预包装食品可以免除标示保质期：酒精度大于等于 10% 的饮料酒；食醋；

食用盐；固态食糖类；味精。

（2）当预包装食品包装物或包装容器的最大表面面积小于 10 cm^2 时，可以只标示产品名称、净含量、生产者（或经销商）的名称和地址。

4. 推荐标示内容

批号：根据产品需要，可以标示产品的批号。

食用方法：根据产品需要，可以标示容器的开启方法、食用方法、烹调方法、复水再制方法等对消费者有帮助的说明。

致敏物质：注意以下两点。

（1）以下食品及其制品可能导致过敏反应，如果用作配料，宜在配料表中使用易辨识的名称，或在配料表邻近位置加以提示。① 含有麸质的谷物及其制品（如小麦、黑麦、大麦、燕麦等）；② 甲壳纲类动物及其制品（如虾、龙虾、蟹等）；③ 鱼类及其制品；④ 蛋类及其制品；⑤ 花生及其制品；⑥ 大豆及其制品；⑦ 乳及乳制品（包括乳糖）；⑧ 坚果及其果仁类制品。

（2）如加工过程中可能带入上述食品或其制品，宜在配料表临近位置加以提示。

参考文献

陈启孟，2016. 论我国食品安全认证制度及其完善［D］. 泉州：华侨大学.

王栋，2015. 农产品质量安全认证现状及发展对策研究［D］. 山西：山西医科大学.

刘斌，2005. 陕西省农产品质量安全认证发展研究［D］. 陕西杨凌：山西医科大学.

席兴军，刘俊华，2004. 中国食品安全认证制度的问题与建议［J］. 世界标准化与质量管理（9）：32-34.

刘宗德，2009. 认证认可制度研究［M］. 北京：中国计量出版社.

褚小菊，冯婧，陈秋玉，2014. 基于 ISO 22000 标准的中国食品安全管理体系认证解析［J］. 食品安全质量检测学报（4）：1250-1257.

成昕，2009. 我国农产品质量安全认证对策研究［D］. 北京：中国农业科学院.

刘学锋，张侨，2014. 我国“三品一标”产业发展与对策研究［J］. 中国食物与营养（4）：7-30.